AF315298

LE MARQUIS DE T***,

ou

L'ÉCOLE

DE LA

JEUNESSE.

Non est properanda Voluptas, *Art d'aim.*
Sed sensìm tardâ perficienda morâ. *d'Ovid.*

Quatrième Partie.

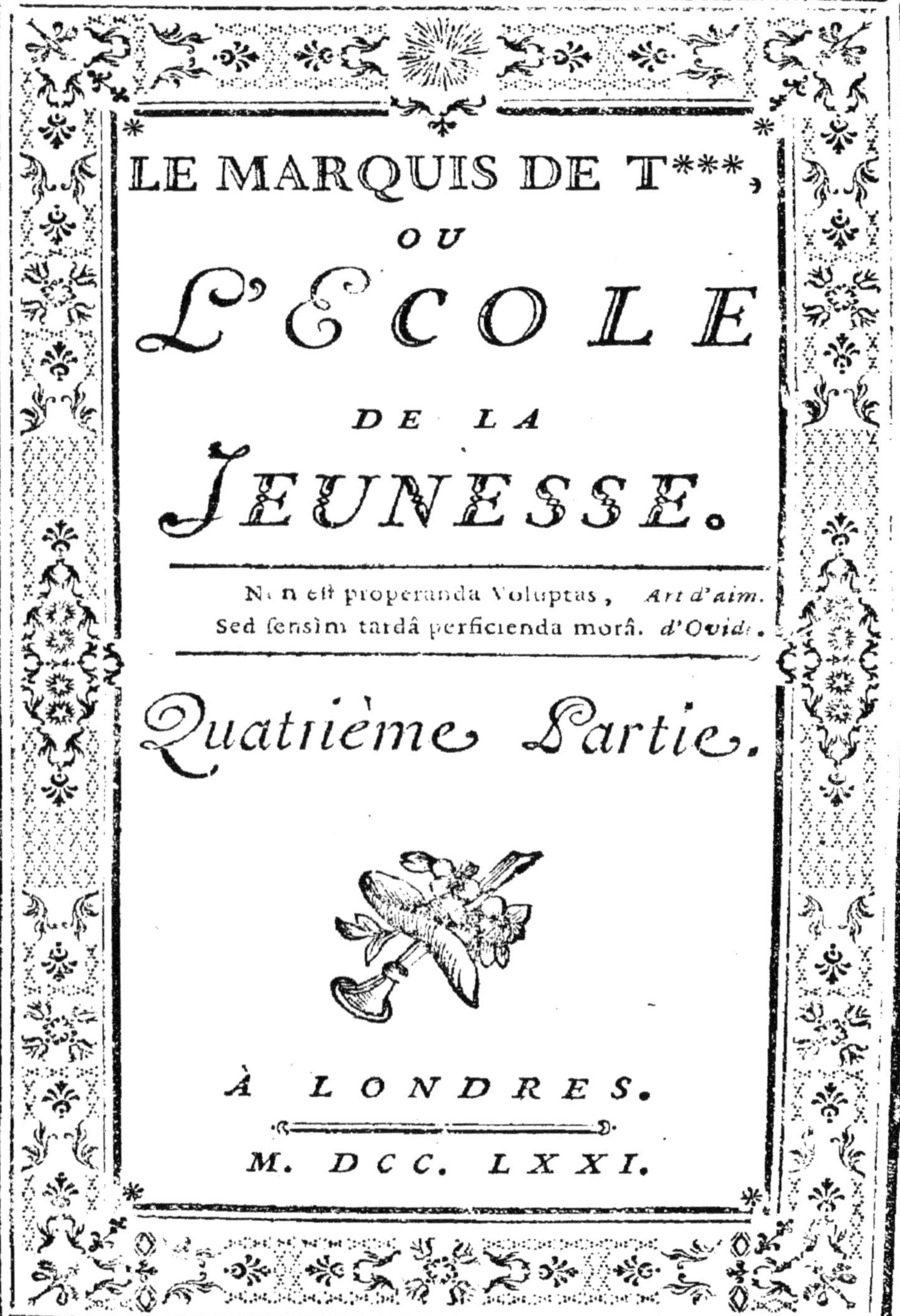

À LONDRES.

M. DCC. LXXI.

LE MARQUIS DE T***,

OU

L'ECOLE

DE LA JEUNESSE.

X.me LIVRE.

§ I.er

CONDUITE DES NOUVEAUX ÉPOUX.

HÉLÈNE n'avait pas seize ans; elle grandissait encore, & sa taille n'était pas entièrement formée. Ainsi le temps de devenir mère n'est pas arrivé pour elle. Rien n'était plus contraire aux vues de monsieur & de madame de T···, que de l'exposer aux inconvéniens qui résultent des mariages précoces, aussi funestes pour les mères que pour les enfans; les grossesses qu'on peut nommer *prématurées*, affaiblissant le tempérament des premières, & ne produisant dans les seconds que des êtres languissans. Il est peu de parens qui songent à prévenir un mal aussi réel, dont les effets s'étendent jufque fur les mœurs; car les femmes mariées trop jeunes font ordinairement les plus libres dans leur conduite.

L'intention du Comte & de la Comteffe avait été d'unir leurs enfans trois années plus tard: mais le deffein de faire voyager le Marquis, les accidens imprévus qui, durant un temps fi long, pouvaient féparer les deux Amans pour toujours; les plaintes auxquelles on s'attendait de la part d'un jeune-homme ardent & paffionné, apportèrent du changement dans ce plan raifonnable. Cependant madame de T··· n'était pas fans inquiétude pour la nouvelle Marquife : quoiqu'Hélène jufqu'alors eût joui d'une fanté parfaite, elle paraiffait d'une complexion extrêmement délicate; la Comteffe avait balancé de donner à fon fils des confeils, que l'amour, lorfqu'il eft extrême, peut quelquefois engager à fuivre... elle en parla dans ce deffein à l'amie d'Hélène; mais une penfée l'arrêta : —Si nous le perdions!... dumoins un fils confolerait fon époufe & fes parens——.

Léonore avait parfaitement entendu madame de T··· : elle prit fur elle d'inftruire le Marquis de ce que redoutait fa mère. Le jeune Amant, plus au fait que celle qui prétendait lui donner des avis, l'avait écoutée en fouriant de fon embarras: mais il fe prefcrivit une conduite que les hommes (& peut-être des femmes) qui ne connaiffent l'amour que par les defirs, traiteront de ridicule. Oui, ce fut la vérité de fon amour qui mit un frein à fon impétuofité ; plus capable de fe commander à lui-même, que ceux dont la vertu ne fe démentit jamais, le Marquis veut ne cueillir les rofes que lorfqu'elles feront épanouies ; il n'immolera pas à la volupté d'un moment, les grâces & la fanté d'une compagne qu'il préfère à lui-même. Mais il eft temps de fonger que nous l'avons laiffé feul avec fa jeune époufe.

Dès que la Comteffe eut quitté fes chers enfans, le Marquis tombe aux genoux d'Hélène : enivré d'amour & de joie, le tendre jeune-homme preffe doucement fon époufe panchée dans fes bras ; & collant fa bouche brûlante fur un fein de neige & d'albâtre, il lui dit ces mots, qu'entrecoupèrent les baifers & les foupirs : ——Femme adorable, recevez les remercîmens d'un homme que vous égalez aux céleftes Intelligences... Quoi ! c'eft vous ! ... Hélène ! ... qui partagez mon fort ! .. ô bonheur ! elle me préfère, elle fe donne ! .. Hélène, c'eft vous qui me rendez poffeffeur de tous ces tréfors... de ces appas enchanteurs ! ... Rien ne pourra donc plus vous enlever à votre Amant ! .. Pour toujours ma compagne, ma chère, ma belle compagne !.. Tout deformais nous fera commun, les plaifirs & les... Non ! les plaifirs feuls vont être à nous-deux, & les peines, s'il nous en furvient, ô Père-du-monde, je te les deman de pour moi ; que la Souveraine de mon cœur ne les connaisse jamais !.. Chère amante ! mon épouse ! mon amie (car vous ferez éternellement tout cela pour moi) comment reconnaître tant de bonté ? . . Non, le langage des mortels n'a point d'expression pour vous peindre ma tendresse: divine Hélène! daignez lire dans mes yeux tout ce que sent un cœur qui vous adore! Ce serait à mes transports, à mon ardeur à vous le prouver... mais plus vous m'êtes chère, plus je dois les contraindre.... Ma cousine! mon adorable épouse!.. un jour... vous connaîtrez tout ce que je vous immole aujourd'hui——. Hélène prodiguait à son Amant les plus tendres caresses, les noms les plus doux: ——Eh que manque-t-il à notre bonheur, lui dit-elle d'un air ravissant ? Cher époux! mon cœur est rempli ; & si le charme du desir s'y fait sentir encore, ce n'est que pour prolonger ces instans délicieux——. Le Marquis soupire, la regarde ... il s'égarait ; ses desirs... l'amour... ces baisers d'Hélène l'allaient égarer.... Enfin la Raison l'emporta sur l'Amour; ou plutôt, c'est l'Amour qui triompha; la Raison, l'impuissante & fraide Raison ne fit jamais de miracles : le jeune époux montra qu'il aimait sa femme plus que le plaisir & que le bonheur même : il s'arracha des bras d'Hélène ! ——Mon cousin, lui dit alors cette angélique créature, je sais tout ; Léonore m'a révélé... J'y consens... allez....

Ah que vous m'êtes cher!... Mon cousin! Hélas!... allez, & ne m'écoutez pas... —Hélène!... reprit le Marquis, ma divinité! chère Hélène!... ah! ce souris enchanteur... non; il me rend ma raison.... Mon amie, il me reste un mot à vous dire : mon père, ou plutôt le nôtre, aima notre mère aussi tendrement que votre époux vous aime ; cependant ... lisez cette lettre qu'un de nos jeunes-gens m'a remise, il y a quelques heures.

..... Non, mon frère, ton bonheur ne surpasse pas le mien : je sais trop bien comme tu penses, pour prendre à la lettre ton badinage : cependant je vais y répondre : Henriette est adorable ; elle m'est plus chère que ma vie : mais à quinze ans, on est fille, & non pas femme. Je veux que mes enfans, si Dieu m'en donne, soient forts, bien constitués, & sur-tout que mon épouse ne soit pas cassée avant le temps. Je te jure, avec cette franchise que tu me connais, mon ami, que l'intérêt seul d'une épouse adorée, suffirait pour me déterminer à cette conduite. Cependant si tu savais.... Il n'est pas besoin que je m'explique davantage : imagine-toi pour un moment que Louise n'a que quinze ans, au lieu de dix-neuf, & que tu penses comme moi ; en serais-tu moins heureux ?... Adieu, mon ami. Mes profonds respects à monsieur de V··. Je murmurerais bien de votre long séjour à Dijon, si vous n'y étiez pour lui.

*Henriette demande à tout moment sa sœur
& son père ; & moi, mon cher, il n'est pas
d'instant où mon cœur ne te desire.*

LE COMTE DE T···.

P. S. *Mon fils, voila ce que je fis. Vous n'aimez
pas moins Hélène que j'aimai votre mère...
c'est vous en dire assez.... O mon fils, sois
heureux comme ton père le desire !...*

——Comme ils s'aimaient, dit Hélène en soupirant ; ah ! mon ami ! comme ils s'aimaient !
nous sommes les enfans des plus vertueux de
tous les hommes——.... Ces jeunes & sensibles époux donnèrent des larmes au souvenir de leur père : une tendre douleur qu'adoucirent les baisers de l'amour, suspendit pour
quelques momens le sentiment de leur félicité.
Cependant les heures s'écoulaient ; & le Marquis s'apercevant qu'Hélène avait besoin de
repos, il se retira.

Hélène, instruite à demi dans la journée
par Léonore, regardait à la vérité la retenue
du Marquis comme un effet de sa tendresse
pour elle ; mais elle ne comprenait pas encore, même après avoir lu le Billet que le
Comte venait de faire remettre à son fils, ce
que son époux lui sacrifiait : son innocence,
que les libertés d'Amélie n'avaient pu ternir,
ne lui permettait d'autre idée, que celle des
caresses que le Marquis venait de lui faire.
Cependant elle était heureuse : Dans ce sexe
charmant indignement calomnié par des
hommes qui le jugent d'après les infortunées

qu'ils ont corrompues, combien s'en trouve-t-il qui le feraient au même prix! Que ceux qui cherchent à le dénigrer, ont l'âme vile & basse! si l'on suit leurs démarches, on verra que ce ne sont que des égoïstes sans famille & sans mœurs. Mais un sentiment naturel indiquait à la jeune Marquise, malgré son inexpérience, que cette conduite n'était pas ordinaire: comme de concert, quoique sans s'être consultés là dessus, les deux époux en dérobèrent la connaissance à leurs plus chers amis, à leurs parens même, qui semblaient l'avoir conseillé.

La route que le Vicomte eût suivie, aurait été bien différente. Moins passionné que le Marquis, il saurait moins se commander à lui-même; & quoiqu'il eût autrefois respecté la vertu de Gertrude, c'était plus aux circonstances qu'à ses propres forces, qu'en était dû le mérite. La beauté de Léonore avait mis du feu dans son caractère, comme l'avait déja fait la fille de son Instituteur; il aimait son épouse uniquement, tendrement: mais ce goût tranquille, raisonnable, également incapable de se démentir & de ces grands sacrifices qui marquent l'enthousiasme de l'amour honnête, laisse ordinairement le cœur dans une léthargie qui ressemble à l'indifférence. Je dois donner, à la fin de ce *Livre*, une idée succinte de la marche que suivent, après le mariage, les différens caractères dont j'ai parlé.

A 5

Le Marquis venait de quitter Hélène, lorſqu'il entendit heurter à la porte de ſon apartement. La conduite qu'il tenait lui rendait cette viſite importune ; il demande avec humeur, ce que l'on veut. La réponſe lui fit connaître que ſon père avait quelque choſe à lui dire. Le Marquis ouvre auſſitôt : il voit le Comte, ſuivi de madame de T · · ·, de monſieur de V · · & d'un inconnu. L'émotion, le trouble, un mélange de joie & de douleur étaient peints ſur leurs viſages. -Mon fils——, dit le Comte : & ſans prononcer un mot de plus, il lui remet un papier, qui contenait ce qui ſuit :

Monſieur. J'apprens à l'inſtant qu'un priſonnier français, privé de la raiſon depuis une bleſſure reçue à la bataille de Fontenoi, porte le nom de T · · · : voyez ſi cela peut regarder quelqu'un qui vous touche ; je crois avoir entendu parler à monſieur votre fils d'un Chevalier de T · · · ſon oncle. Le porteur connaît celui qui m'a donné ces lumières ; je l'envoie tout exprès pour que vous puiſſiez l'intéroger. J'ai l'honneur d'être, &c.

AGLAÉ TENEVEHT.

A cette lecture, le Marquis fit une foule de queſtions à l'envoyé. Les éclairciſſemens qu'il en reçut, lui firent ſoupçonner que le priſonnier de lady Damroſee, qu'il avait ſecouru, pouvait bien être le père d'Hélène. Il apprit auſſi comment la méchante lady lui avait enlevé la Teneveht, qu'elle avait forcée d'époufer un vieux Sherif, très-jaloux, affez riche, qui l'avait toujours tenue renfermée, mais dont elle était enfin veuve depuis quelques jours. ——Mon fils, dit alors le Comte, fi mon frère refpire, il a des droits fur Hélène. ——Vous entendez, pourfuivit la Comteffe. Mon ami, ce garçon que vous voyez, vient de nous dire une chofe étrange : votre oncle a promis Hélène à celui qui l'a fauvé. ——Ma femme ! intérompit le nouvel époux. ——Mon fils, ce jeune-home conferva fes jours. ——Vous, monfieur, dit le Marquis au Commiffionnaire ? ——Non, monfieur, répondit ce dernier ; c'eft un jeune Seigneur français ; un vieillard, qui fe nomme Andrew Hudfon, fe flate de le connaître fort. ——Je refpire, dit alors le jeune de T···. Si pourtant cette promeffe.... ——Oh nous la ferons révoquer, s'écria monfieur de V··. Le Comte étant refté feul avec fon fils, il lui dit, qu'en attendant que l'on fût affuré du bonheur de revoir le Chevalier & d'obtenir fon aveu, il ne falait donner aucune atteinte aux droits facrés des pères. ——Y confentez-vous ? ——Oui, mon père, répondit le Marquis. ——J'en reçois votre parole, reprit le Comte : nous allons tous nous rendre auprès de mon frère : jufqu'au moment heureux où nous le reverrons, Hélène n'eft plus que votre fœur——. En achevant ces mots, il quitta fon fils.

Hélène n'avait pu rien entendre de ce qui venait de fe paffer, & l'on convint de la lui taire, depeur de la flatter de la poffeffion d'un bien qui pouvait leur échapper. Cependant cette nouvelle rendait plus néceffaire le voyage déja projeté : le jeune-homme envoyé par la Teneveht, était un Français, qui l'aimait depuis plus d'une année, ayant eu l'art de s'introduire chez le Sherif & de gagner fon affection. Il fit en gros les détails de ce que fa maitreffe avait appris du vieux Hudfon : je les tais ici, pour les placer plus à-propos dans le récit du Voyage d'Angleterre.

Le départ de monfieur de M··· pour fa deftination fe trouvait fixé à cinq jours après le mariage. Dès le lendemain, Adelaïde faifit l'occafion où l'on parlait du voyage, pour exécuter le deffein qu'elle méditait. Elle propofa d'abord, comme en riant, à la Comteffe de T··· d'accompagner fon mari, & de mener Hélène : ——Monfieur le Vicomte ajouta-t-elle, pourrait être de la partie, & par la même raifon, nous aurions Léonore : mes parens garderont Suzette, & madame de J··; le Comte de Saint-A· nous écrira toutes les nouvelles. Que je ferais contente ! nous ferions inféparables, & notre charmante fociété s'apercevrait à-peine que nous aurions quitté Paris——. Henriette fouriait. —Craiyez-vous que je ne parle pas férieufement, reprit Adelaïde ? ce que je vous propofe eft plus raifonable que vous ne penfez, & qu'on ne l'imaginerait au premier coup-d'œil : vous avez ici votre Juftine, à laquelle vos intérêts font plus chers qu'à vous-même, & le bon monfieur Desforets : c'est la perle des Intendans ; je vous ai ouï dire, que depuis quarante années, qu'il eft au fervice de votre père & au vôtre, fa probité ne s'eft jamais démentie : laiffez à l'une le foin de votre maifon, tandis que l'autre gouvernera vos affaires, qu'il connaît parfaitement. Que ferez-vous ici toutes deux ? pleurer, gémir, fécher d'inquiétude pour le père & pour le fils ? N'avez-vous marié le Marquis, que pour le féparer auffitôt de ce qu'il aime——? Si madame la Comteffe de T··· n'avait pas été déterminée au voyage d'Angleterre, ces motifs, il faut en convenir, n'auraient pas été fans force : mais elle était déterminée ; elle écoutait fon amie avec attention, parce que fes raifons ajoutaient aux fiennes. Alors Adelaïde laiffant échapper quelques larmes, elle preffa la Comteffe contre fon fein, en lui difant : ——Mon amie, penfez-vous que ce foit mon intérêt feul qui me porte à vous folliciter fi vivement ? Ah !.. l'état où vous ferez, & que vous n'avez pas encore éprouvé, peut-être, lorfque les jours s'écouleront fans voir ni votre époux, ni votre fils ; fans être fûre que leur vie... ——Mondieu ! vous m'effraiyez, intérompit Henriette ! ——Eh ! qui m'affurera, reprit madame de M···, que la triftesse & l'ennui ne prendront pas fur votre fanté ! Mon amie, vous allez vous charger de tout le poids de la douleur d'une jeune époufe... —Non , lui dit la Comteffe ; nous ne nous féparerons pas ! A quoi fongions-nous ? le jour du départ , je n'aurais pu foutenir cette idée——.

Hélène, qui n'avait pas été préfente à cet entretien, parut comme la Comteffe achevait ces mots, auxquels elle ne comprenait rien : fes yeux fe fixèrent fur fa tante, & fes regards interdits femblaient lui demander l'explication de ce qu'elle venait d'entendre. Madame de T··· la prit en particulier pour l'inftruire. La furprife avec laquelle la jeune Marquife l'écoutait, fes larmes qu'elle ne put retenir, firent connaître à la Comteffe qu'il n'aurait pas été facile de la confoler. ——Eh quoi, maman ! lui difait Hélène, j'aurais ceffé de le voir ! l'efpace fe fût trouvé entre nous ! mon aimable maman , votre fille n'aurait pu fuporter fon abfence... Si c'eft être faible, cette faibleffe là m'eft chère : qu'on ne nous fépare jamais , qu'il ne me quitte pas même un feul jour ..A moins que fon devoir ne l'appelle au fervice du Prince & de la Patrie, non je ne veux pas ceffer de le voir un moment-.

Le jour du départ étant fixé , les plaifirs multipliés d'une Fête brillante, n'empêchèrent pas qu'on n'en fît à la hâte tous les préparatifs : & l'on vit avec joie arriver l'inftant qu'Henriette & madame de M··· redoutaient auparavant fi fort. Pour confoler Suzette de l'éloignement de fes fœurs , & prouver fon amitié au comte de Saint-A··, madame de

M··· tâcha de faire envisager à la première le
sort le plus doux dans son prochain mariage:
cette méthode ne fut pas d'abord efficace;
mais enfin Adelaïde obtint qu'elle obéirait,
& les larmes se sèchèrent après cette pro-
messe. Madame de T···, de son côté, recommanda les intérêts du Comte à madame de J··.
Personne ne connaissait aussi bien le cœur de
Juliette que la mère du Marquis, & ne rendait mieux justice à cette jeune Dame. La
veille du départ, elle lui dit: ——Mon amie,
le comte de Saint-A·· a le cœur tendre comme le tien; occupe-toi de son bonheur; mets
tes soins à faire cesser l'injuste prévention de
ta sœur contre un amant digne d'elle; cet emploi, j'en suis sûre, est le plus agréable dont
je puisse te charger: souvien toi quelquefois,
en le servant, que c'est obliger ton amie——.
Ensuite madame de T··· appela Justine. ——Je
n'enmène que Marthon, lui dit elle: ma fille,
madame de J·· veut bien me remplacer pour
quelque temps; elle vous aime... —Madame,
intérompit la jeune-fille attendrie, dans ce
moment, tout ce je vois, c'est que vous nous
quittez... Mais vous savez assez, ma chère maitresse, quels sont les droits de madame la
Comtesse de J·· sur mon cœur... ——Ne fais
rien que par les ordres de mon amie, continua madame de T···: je l'ai priée de laisser
Luce avec toi, le plus qu'il sera possible;
consulte ta sœur en tout; elle est aussi prudente que chère à sa maitresse: & Justine,

ajouta-t-elle en la careſſant, eſt une autre Luce pour moi. Voyez de temps-en-temps enſemble les jeunes-gens que mes enfans ont unis; tu me rendras compte de leur condui-te, afin que j'encourage par des recompenſes ceux qui l'auront mérité——. La Comteſſe en-tretint enſuite ceux de ſes domeſtiques qui reſtaient à Paris, pour leur recommander d'obéir à Juſtine & à monſieur Desforets.

Juliette, dans la réſolution qu'elle avait priſe d'éviter le Marquis, regrettait la mère, autant qu'elle était charmée de l'abſence du fils, qui l'aiderait à triompher d'une paſſion trop vive, & lui donnerait le temps de s'atta-cher conſtamment à ſon mari. Les ſoins qu'-exigeaient de ſa tendreſſe un fils au berceau, furent le motif qu'elle avait donné pour ne pas être du voyage : & je conviens qu'il aurait ſuffi quand il eût été ſeul.

On part enfin : les jeunes époux, couron-nés des myrthes de l'Amour, ne reſpirant que la tendreſſe & la joie, arrivent à Calais ſous la conduite de deux Vieillards reſpectables, monſieur de V·· & monſieur le Maréchal de Th··. Le Comte de T··· prenait ſoin de tout, ordonnait tout, & ne voulait paraître que leur obéir. Il ſaiſit avidement l'occaſion de donner cet exemple à la jeuneſſe dont il était entouré. On s'embarqua ſur l'yacht qui devait tranſporter à Douvres monſieur de M···. Le vent ſeconda leurs deſirs; le trajet ſe fit en peu d'heures, & n'incommoda preſque pas les Dames. La mer n'offrit à leurs regards que ces flots majestueux qui font naître l'admiration, mais qui n'excitent pas la terreur.

En arrivant à Londres, on prit un hôtel assez vaste pour être logés tous ensemble commodément. Le Comte & le Marquis, dès le premier instant, cherchèrent à voir la veuf du Sherif qui leur avait écrit; mais comme ils se disposaient à s'y faire conduire, ils apprirent que leur guide venait d'être mis à la Tour. Ce contretemps les chagrina d'autant plus, que cet homme ne leur avait pas dit la demeure de la Teneveht. Ils se proposèrent de s'adresser au Ministère même, si l'inconnu n'était pas relâché dans quelques semaines. Par un nouvel inconvénient, le duc de N··, était en Irlande. Mais en attendant qu'on pût avoir des lumières sûres, le Comte employa le loisir du Marquis à lui faire saisir le caractère général de la Nation.

Lorsque le jeune de T··vit pour la première fois l'Angleterre, tout entier à sa passion, il n'avait rien observé : son père voulait qu'il la revît avec d'autres yeux. De son côté, ce père sage lui fesait part de ses découvertes, d'une manière qui l'instruisît sans exposer ses mœurs : il ne lui disait pas ce qu'il avait remarqué, mais en lui servant de guide dans la même route qu'il avait tenue, il le forçait pour ainsi dire par l'évidence, à voir & à penser comme lui.

Les Grands font en Angleterre, disait le Comte à son fils, *affables, polis, obligeans,* en paroles; c'est-à-dire qu'ils promettent, tant qu'ils craient qu'on ne demandera pas. Il se trouve des gens qui répètent sans cesse qu'autrefois ils étaient plus sincères ; que la franchise, cette vertu du bon vieux temps, n'est pas plus à la mode chez eux que parmi nous. Quelques particuliers, ajoutent-ils, dont on fait sonner bien-haut la rigidité, & dont les papiers publics ont soin de répéter les traits de misanthropie, sous le jour le plus favorable (*), conservent encore auprès des étrangers, à la Nation anglaise, l'apparence de l'ancienne & héroïque fermeté. Pour moi, je pense que ce que l'on est à présent, on le fut autre-

---

(*) « Les histoires tragiques dont les Gazettes anglaises fourmillent, ont fait penser à l'Europe, qu'on se tue en Angleterre plus volontiers qu'ailleurs. Je ne sais pourtant si, à Paris, il n'y a pas autant de fous qu'à Londres : peut-être que si nos Gazettes tenaient un regître exact de ceux qui ont eu la démence de vouloir se tuer, & le triste courage de le faire, nous pourrions, sur ce point, avoir le malheur de tenir tête aux Anglais. Mais nos Gazettes sont plus discrètes ; les avantures des particuliers ne sont jamais exposées à la médisance publique, dans ces Journaux avoués par le Gouvernement. Tout ce que j'ose dire avec assurance, c'est qu'il ne sera jamais à craindre que cette folie devienne une maladie épidémique ; la nature y a trop bien pourvu. . . . On a beau dire, qu'il y a eu des pays où un Conseil était établi pour permettre aux citoyens de se tuer quand ils en avaient des raisons valables : je répons, ou que cela n'est pas vrai, ou que ces Magistrats avaient fort peu d'occupation ». Mél. phil.

fois, ou que si l'on a changé, c'est en mieux. On a plus de finesse ; on recherche des plaisirs plus délicats ; les moralistes se récrient : mais ils ne voyent pas, ou feignent de ne pas voir qu'on a quitté la grossièreté crapuleuse, & des excès en tout genre, aussi préjudiciables à la décence, à l'honnêteté des mœurs, qu'à la santé. Il faut avouer cependant que la forme du gouvernement anglais rend permis, & même louable chez eux, ce qui ne serait pas ailleurs toléré : & c'est-là ce qui forme en partie cette nuance caractéristique de la Nation. L'Anglais peut penser tout-haut sur le compte des Grands, des Ministres, & du Roi même. Il n'est pas plus gêné pour la religion (1). *Dès-là il doit avoir une sorte de fierté républicaine, & il l'a en effet* (2).

En examinant le peuple avec attention, le Comte de T••• fut bien loin de regarder ses mœurs comme féroces (3) : au contraire, il lui

---

(1) « Un Anglais, comme homme libre, va au ciel par le chemin qui lui plaît. . . . S'il n'y avait en Angleterre qu'une Religion, le despotisme serait à craindre ; s'il n'y en avait que deux, elles se couperaient la gorge : mais il y en a trente ; elles vivent en paix & heureuses ». *Id.*

(2) M. *de Voltaire* rapporte qu'un M. *Shipping*, dans la Chambre des Communes, commença son Discours par ces mots : *La Majesté du Peuple Anglais serait blessée :* la singularité de l'expression causa un grand éclat de rire ; mais sans se déconcerter, il répéta les mêmes expressions d'un ton grâve, & l'on ne rit plus.

(3) Les Auteurs Anglais accusent eux-mêmes le

trouva ces vertus que nous avons l'injuſtice de n'attribuer qu'aux Anciens. On ſe plaint en général, qu'il accueille mal les étrangers; le Comte ayant voulu approfondir cette accuſation, il reconnut qu'elle était fondée, mais que la cauſe en était beaucoup moins deshonorante pour ces Inſulaires que pour leurs voiſins. Une foule d'avanturiers Français quittent leur patrie où leurs crîmes ne leur permettent plus de reſter; ils ne deviennent pas meilleurs en s'éloignant; au contraire, ne craignant plus d'être connus, ils ſe livrent

---

peuple de férocité. Je ne ſais par quel motif, ſi ce n'eſt pas une ſorte de vanité, & l'envie de ſe faire craire redoutables aux autres peuples. Il eſt vrai qu'ils paraiſſent aimer les ſpectacles ſanglans; ce ſerait la même choſe en France, ſi l'on en donnait. « Mais ſi l'on fait attention à la douceur de ſes loix, à la manière avec laquelle on y traite les domeſtiques; au ſoin que l'on a de procurer aux accuſés tous les moyens de faire éclater leur innocence; aux égards que l'on y a pour les criminels même & les condannés, & ſur-tout au nombre prodigieux d'établiſſemens charitables deſtinés à ſecourir les malheureux, on ne trouvera peut-être pas une Nation où l'humanité règne davantage. Ceux qui s'engagent dans le mariage ſans fortune, ne doivent pas craindre de laiſſer des citoyens infortunés, qui gémiſſent de leur naiſſance: tous les orfelins des deux ſexes trouvent dans chaque Paroiſſe, des retraites décentes où ils ſont vétus proprement, où leur ſanté eſt précieuſement ménagée, & où, avec une éducation chrétienne, on les met à portée de travailler à leur fortune, ſuivant le talent qu'on leur a trouvé. Il n'y a de pauvres dans l'île, que ceux qu'un panchant pour le libertinage, & une honteuſe diſſipation, engagent à ſe dérober aux charités publiques.

sans mesure à leur panchant. Ils sont ingrats, perfides, & la Nation entière devient odieuse. C'est la même chose en Hollande : un Français peu connu n'excite la pitié de personne, parce qu'une infinité de gens-sans-aveu ont fait éprouver à leurs bienfaiteurs, le même traitement que le serpent de la fable. Le Comte ne put cependant se dissimuler qu'un autre raison du mépris qu'a le Peuple anglais pour tout ce qui n'est pas né, ou ne respire pas dans son île, c'est un amour-propre démesuré : il se persuade que son pays est le seul riche, le seul libre, le seul, en un mot, où l'on puisse vivre dans l'abondance : il regarde les habitans du reste de l'univers avec une pitié dédaigneuse, & comme de vils esclaves, auxquels la probité, l'aisance, la liberté, l'usage de toutes les vertus sont également étrangers, & même inconnus. Mais c'est le gentilhomme casanier, & le peuple sans éducation qui pense ainsi ; les gens sensés rougissent d'une présomption si méprisable, qui marque la petitesse & l'inexpérience. Monsieur de T··· eut plusieurs fois occasion de faire observer à son fils, qu'un honnête-homme, une fois connu, n'en était pas moins estimé, pour être né à *Paris* ou à *Madrid*. Il est vrai qu'il se trouve des fanatiques de patriotisme, comme de religion : on voit à Londres des *clubs* (*) ou sociétés de plaisir,

____

(* Ce sont aussi des assemblées qui se forment dans un cabaret à certains jours. Chacun contribue d'une

nommées l'*Old-English-way* & l'*Antigalli-can*, où l'on fait profession d'avoir en hor-reur tous les usages étrangers (1). On ne hait les usages, que parce qu'on déteste le peuple chez lequel ils sont en vigueur. Mais des assemblées particulières, disait le Comte, ne sont pas la Nation; comme tout Français n'est pas superstitieux ou athée. Il ne vit pas qu'on dût être si fort étonné que l'Anglais, qui se pique d'être généreux, ne réponde pas toujours chez lui à l'affabilité avec la-quelle ses voisins l'accueillent. Il l'attribue à sa conduite : il fait qu'il se trouve peu de ses concitoyens, qui chez les étrangers, fassent tort à la patrie par leur *improbité*; tandis qu'un grand nombre de Français ne sont honnêtes-gens en Angleterre, qu'à leur corps défendant. Voila la vraie raison de cette différence, & non l'influence du climat (2),

---

petite somme, dont on fait un fonds destiné à fournir aux besoins de ceux de la société qui se trouvent malades,

(1) Les Dames sont moins zélées ou plus raisonna-bles. Pendant la guerre, on fesait venir régulièrement de Paris la *Grande-poupée*, pour se régler sur les modes de France. Serait-ce que la nature a voulu que le beau-sexe fût cosmopolite, & qu'il ne renonçât jamais au droit qu'il a de plaire aux hommes de tous les pays, & à l'avantage de devenir le lien de la paix ? Les femmes ne doivent donc jamais se regarder comme ennemies, pour donner aux hommes l'exemple de la modération, ainsi que de mille autres vertus.

(2) On ne prétend pas révoquer en doute, qu'à des distances considérables, le climat n'influe sur les

& la mollesse des Magistrats, comme quelques-uns de ceux qui ne connaissent pas cet heureux pays ont ôsé l'avancer. Ce Peuple n'est ni *indocile*, ni *terrible*, ni un *animal farouche*; c'est un peuple généreux qui craint de s'avilir, & qui ne veut pas ramper. L'admirable harmonie qui règne en Angleterre, entre trois Corps rivaux, sans cesse occupés à soutenir leurs droits, prouve la sagesse de son gouvernement, en-même-temps qu'elle est le garant de la liberté : chaque homme se regarde véritablement comme citoyen, parce que tous les jours chaque homme peut avoir occasion de défendre les droits du Corps dont il fait partie (1).

Un jour le Comte se promenait à piéd avec son fils dans les rues de Londres : ils aperçurent à quelque distance un jeune Lord, dont ils étaient connus, qui paraissait se quereller avec un homme du commun. *« Je crais, mon cher Marquis, dit monsieur de T···, que le hazard nous fournit l'occasion de voir un de ces combats, où les gens de qualité de ce pays ne font pas difficulté de se mesurer avec un portefaix* (2). *Cela vous surprend peut-être;*

---

mœurs : mais la France & la Grande-Bretagne ne font pas dans ce cas. D'ailleurs on fait que pendant long-temps les mœurs des deux peuples furent les mêmes.

(1) Toute l'Europe a eu les yeux ouverts sur l'affaire de M. Wilkes, qui jouit enfin de la liberté, comme de l'estime générale.

(2) Ce trait ressemble à celui de lord *Granby*, qui

en France, nos jeunes élégans ; que dis-je ? le fils d'un Commis, engraissé des rapines de son père, appellerait ses gens, & ferait assommer ce pauvre homme. Ce n'est pas ici la même chose : le lord regarde un portefaix comme son semblable, & ne dédaigne pas un tel adversaire : tous deux vengent l'insulte qu'ils craient avoir reçue par les seules armes que leur a donné la Nature. O heureuse Nation, s'écria-t-il, où l'orgueil tyrannique n'accable point le pauvre ; où l'humanité n'est point encore avilie, tu seras heureuse & libre, tant que les Nobles crairont pouvoir eux seuls venger leur injure, & que le portefaix ne voudra rien souffrir du Noble! Mon fils, ajouta-t-il, voici le fruit que l'on doit tirer des différens usages : A Paris, l'on tremble devant un homme qui se fait traîner dans un équipage somptueux, parceque, quelqu'il soit, il est riche au moins, & peut accabler. Ici, l'on ne respecte ni le rang ni la naissance : l'homme vertueux prend le juste milieu ; il ne se battra point avec le riche ; encore moins avec le pauvre, parce que tous deux sont également ses frères, & qu'il doit les aimer : il ne rampera jamais devant les Grands, parce qu'ils ne sont que des hommes ; mais il obéit aux loix avec

___

durant la dernière guerre commandait les troupes Anglaises dans l'Electorat d'Hanovre : il était en quartier d'hiver à Londres : l'on vit un Général aux mains avec un cocher de fiacre, qui fut rossé, mais à armes égales, & sans qu'aucun des gens du lord s'en mêlât.

dignité ;

dignité : c'est une baſſeſſe indigne de trembler devant un homme qu'aujourd'hui l'on voit au faîte des honneurs, & que demain un regard du Prince peut faire deſcendre au-deſſous de tous ceux qu'il tyranniſait. Le ſage ne craindra que le crime, & ſes ſuites épouvantables ». Pendant qu'il parlait ainſi, le jeune Lord ſe battait ; il terraſſa ſon adverſaire ; il en fut terraſſé ; les deux champions étaient tour-à-tour applaudis, & lorſqu'ils ſe ſéparèrent, ils eurent la ſatisfaction d'entendre leurs concitoyens, donner à chacun d'eux la louange non ſuſpecte, qu'ils s'étaient comportés en gens-de-cœur.

En effet, on ne regarde la Nobleſſe en Angleterre, que comme un mérite de convention, qui ne doit être véritablement reſpecté que dans l'individu dont les actions ont mérité qu'on l'en honorât (*). Ses deſcendans, s'ils ont l'âme vile, ſont eſtimés au-deſſous des fils d'un roturier, qui ſeront honnêtes-gens. Rien de plus ſenſé que cette manière de conſidérer les membres d'un État : rien de plus utile, & pour la Nobleſſe elle-même,

____

(*) Le traitement fait au lord *Sackvill* en eſt une preuve. Ce Général, par un orgueil déplacé, refuſa de ſuivre les ordres du Prince *Ferdinand*, ſous prétexte qu'il était trop dur à des Anglais de reconnaître pour chef un Général étranger ; & peu s'enfalut que ſa deſobéiſſance ne fît perdre la bataille. Il fut dégradé de nobleſſe, relégué dans ſes terres ; & ſes enfans participent à ſon infamie.

IVme Partie.   **B**

& pour les simples citoyens ; c'est un aver-
tissement continuel aux premiers de se rendre
dignes de leur naissance , & un encourage-
ment pour les autres. Mais il y a longtemps
que tout est dit sur cette Nation , plus connue des Français que beaucoup de leurs provinces. Si je rapportais toutes les observations
de monsieur de T···, je répéterais nécessai-
rement ce que d'autres ont dit.

Dans une société nombreuse, où chacun
fesait quelques connaissances particulières, il
n'était guéres possible qu'on ne se vît insensiblement beaucoup plus répandu qu'on ne l'eût
desiré. Henriette, Hélène & Léonore recevaient d'abord très-peu de monde, & ne sor-
taient, que lorsqu'elles ne pouvaient se dispenser d'accompagner madame de M··· : on leur
rendait ces visites ; au bout de quelques semaines, il ne se passa plus un jour qu'il n'y eût
à l'hôtel une sorte de *rout*. Cependant les Dames ne se repentirent pas de s'être livrées à ces
belles Insulaires : elles en rencontrèrent de si
dignes de leur attachement, que ce fut avec
le plus grand regret qu'elles s'en séparèrent
dans la suite. Les Anglaises joignent à beaucoup de beauté , une décence qu'il serait nécessaire que la mode ramenât à Paris : Elles
sont fidelles & tendres amies ; parce que leur
caractère étant un peu mélancolique, elles
s'occupent davantage du sentiment agréable
qu'on leur a inspiré : quand on a su gagner
une fois leur amitié, & qu'on leur a plu par

un mérite réel, on leur plaît toujours. Mais la Comtesse de T··· & madame de M··· n'en trouvèrent aucune qui méritât plus d'estime, que lady C··d·C··, épouse d'un homme célèbre, que sa fermeté à soutenir les droits de la Nation, a rendu cher aux Anglais, & respectable pour tous les honnêtes-gens. Comme les affaires que traitait monsieur de M··· l'obligeaient à voir souvent lord C··, Adelaïde, qui l'accompagnait quelquefois, eut occasion de connaître parfaitement son épouse. Elle en fit à la Comtesse de T··· un portrait si intéressant, qu'Henriette desira de l'entretenir. Les âmes vertueuses sont faites pour s'aimer; Mylady devint leur amie de préférence. Lord C·· avait une fille, qui lui était extrêmement chère; miss *Laura* (c'est ainsi qu'elle se nommait) brillait déja par un rare mérite, autant que par sa beauté. Cette aimable personne assortissait la jeune Marquise, qui était de son âge, & madame de Th·· : elle était destinée au lord G·· ; & comme c'était une fille unique, sa fortune devait un jour être immense. Il n'y avait pas alors d'apparence à l'heureuse découverte qui mit un fils entre les bras de mylord C··, par le même évènement qui rendit à sa famille le Prisonnier français dont j'ai parlé.

Les démarches que le Comte de T··· & monsieur de M··· firent auprès des Magistrats Anglais, & des Ministres, ne purent les éclaircir sur le sort du jeune-homme qui devait les conduire chez la Teneveht. Mais le Marquis s'étant rappelé que l'ancien Prisonnier français auquel il sauva la vie, avait été conduit à Haftings, il résolut d'y aller pour le revoir, ou dumoins favoir comment il avait terminé son fort. Il fit part de ce deffein à son père ; & le Comte, non-feulement l'approuva, mais lui promit de l'accompagner dans ce petit voyage. Il se trouva même que toute la fociété voulut en être, & s'en faire une partie de plaifir : voici à quelle occafion.

La beauté de la jeune Marquife, & des autres Dames qui accompagnaient madame de M···, fit du bruit à la Cour d'Angleterre, & fixait autour d'elles ce qu'il y avait de mieux fait, & de plus diftingué parmi les jeunes Seigneurs. Dans ce grand nombre, il ne s'en trouvait peut-être pas un qui ne se flatât du fuccès le plus heureux, parce qu'une *belle Françaife*, & une *coquette* font prefque fynonymes en Europe. Ces foupirans qui n'avaient pas, à-beaucoup-près, les grâces de nos petits-maîtres, auraient pu devenir dangereux auprès des femmes, s'ils euffent confervé l'air férieux & décent qui leur eft propre, & dans lequel on entrevoit une dignité tendre, capable de toucher : mais ils voulaient finger cette efpèce qui féduit, & que l'on méprife en France ; notre fatuité n'eft pas l'élément du flegme anglais ; aulieu d'être fémillans, ils étaient affectés ; & plus que ridicules, en ne voulant paraître qu'a gréables. Un Prince jeune & charmant, fous le prétexte d'entretenir monfieur de M·· des affaires d'État, venait fort fouvent, & paffait auprès des Dames un temps confidérable. On s'aperçut aifément de l'impreffion que la jeune Marquife avait faite fur fon cœur. Hélène était trop éprife de fon époux, & trop fenfée, pour s'occuper de la tendreffe du Duc d'··, ou s'amufer des mines des courtifans; elle pria le Marquis de la débaraffer d'importunités fatiguantes, en témoignant au Comte de T··· qu'elle ferait charmée de vifiter avec eux les environs de Londres.

. Dès que le deffein de ce voyage fut annoncé, lady C··d·C··, pour marquer fon eftime à madame de T···, voulut que le jeune lord G·· fervît de guide aux aimables voyageufes: & mifs Laura, montrant quelque defir d'être de la partie, Mylady parut charmée de donner à la Comteffe une nouvelle preuve de confiance, en mettant fa fille fous fa conduite. Ainfi, la fociété, compofée du Comte de T···, du Marquis, du Vicomte de Th··, & des Dames, fortit de Londres dans la plus belle faifon de l'année, fous la direction de mylord G··: ils vifitèrent d'abord les environs de la Capitale, tout le *Middlefex*, & l'*Effexshire* : delà, ils paffèrent dans le *Suffexshire*, qui était le terme fecret de leur voyage: le jeune lord G·· leur fit voir les Verreries, qui font en grand nombre dans ce Comté, & dont le produit fait une branche de commerce considérable. Ils se disposaient à prendre la route d'Hastings, lorsque leur conducteur apprit la mort du duc d'Al··· son grand oncle. Cette nouvelle fit qu'on partit sur-le-champ; parce que la présence de lord G·· était nécessaire dans ce lieu. Le feu Duc était le dernier de trois frères fameux par la férocité de leur caractère. Le plus jeune avoit péri à la bataille de Fontenoi; *Jaspard* le second, reçut le châtiment que méritait son dernier attentat de la main d'une jeune-personne à laquelle il voulait faire violence Enfin lord Fulk, duc d'Al··· l'aîné, venait d'éprouver un sort non-moins funeste. Ils habitaient un ancien château, situé dans un endroit écarté sur le bord de la mer. Lord G·· ne les avait jamais vus, parce que le Duc, & lord Jaspard s'y étaient rendus, depuis la mort de leur mère, inaccessibles à tout le monde. Il s'était répandu sur leur compte un bruit fort desavantageux. Ils avaient eu une sœur d'une rare beauté; elle disparut tout-d'un-coup, & l'on publiait, que, par un motif abominable, ils avaient poignardé lady *Susan*; qu'ensuite, ayant horreur d'eux-mêmes, ils s'étaient enfermés dans cette espèce de forteresse, où ils refusaient de recevoir des parens dont la présence les eût fait rougir. Ce nom d'Al··· frappa le Comte de T··· d'une horreur secrette; il frissonna : mais le jeune Marquis brûlait d'envie de se rendre au château. Il dit à son père

que peut - être ils y trouveraient encore
le prifonnier français père de la Tenevehr.

Il était tard lorfque l'on arriva. Le concierge du château était un vieillard prefqu'-
octogénaire, qui avait été au fervice du Duc
Howart de N··, ayeul maternel du jeune
lord G··. Malgré fon grand âge, le bon-
homme *Andrew* (car c'était lui-même)
venait de partir, pour aller, à ce que l'on
penfait, exécuter les dernières volontés de
fon maître : tout ce que purent affurer la
famille du concierge & les autres domeftiques, c'eft qu'il avait pris le chemin de
Londres. L'abfence du vieillard parut un
contretemps fâcheux : il avait emporté les
cléfs des chambres les plus commodes ; on
douta fi l'on pourrait loger à Haftings. Mais
leComte de T··· & le Marquis fe chargèrent
de faire préparer une chambre pour les
Dames, tandis que Mylord donnerait fes
ordres pour le refte.

En parcourant un vafte corridor, dont ils
fe fefaient montrer toutes les pièces, ils en
trouvèrent deux paffablement meublées. En-
couragés par cette découverte, ils s'avan-
cèrent vers une petite allée obfcure au fond
de laquelle était une porte garnie de fer : le
bruit que l'on fit, en tâchant de l'ouvrir,
attira un jeune-homme fort bien-fait, que
l'on n'avait pas encore aperçu. Son air était
trifte, mais noble : quoiqu'il n'eût pas cette
aifance que donne le féjour de la Capitale,

fa figure n'avait rien que de gracieux : il demanda ce que l'on cherchait : & fans attendre qu'on lui répondît, il pria qu'on aban-
donnât le deffein d'entrer dans cette partie
du château avant le retour du concierge.
Lord G··, qu'on avertit de ce qui fe paffait,
fe nomma, intérogea le jeune-homme, &
lui fit entendre qu'il aurait defiré des éclairciffemens : ——Demain, mylord, répondit
l'inconnu, vous ferez inftruit ; le vieilllard
Andrew fera de retour, & j'aurai confulté
quelqu'un, fans le confentement de qui je
ne puis vous fatisfaire——.

On fe logea donc comme on put : madame de T···, Hélène, Léonore & mifs
Laura occupèrent la pièce la plus décente ;
pour les hommes, ils s'étaient arrangés dans
celles d'à-côté. Au milieu de la nuit, le Marquis, qu'un fonge effraiyant venait d'éveil-
ler, crut entendre ouvrir cette porte dont il
avait foupçonné le jeune-homme d'avoir la
cléf. Il craignit quelque furprife, dans des
lieux un peu fauvages : il fe lève, & s'étant
muni de deux piftolets, il s'avance dans la
galerie ; rien ne s'oppofe à fon paffage : la
porte-de-fer était entr'ouverte ; il traverfe une
première falle dans l'obfcurité, mais s'apercevant que la feconde eft éclairée, il s'approche avec précaution. Quel fut fon étonnement de ne voir qu'une femme mourante,
& le jeune-homme de la veille fondant en
larmes auprès de fon lit, qui la conjurait

d'accepter quelques foulagemens! Elle le nommait fon fils, & paraiffait fe prêter par complaifance pour lui à recevoir des fecours qu'elle crayait inutiles. Le jeune de T***, raf-furé par ce qu'il voyait, ne crut pas qu'il lui fût permis d'intérompre les devoirs de la piété filiale, par une indifcrète curiofité ; il fe retira.

De retour dans la pièce qu'occupait fon père, il lui fit part de ce qu'il venait de dé-couvrir : monfieur de T*** jugea qu'il était à propos d'inftruire fur-le-champ lord G·· de cette avanture, afin que ce jeune feigneur pût l'aprofondir & découvrir la vérité. Le Comte, & fon fils furent le trouver dans l'autre pièce où le Vicomte de Th·· & lui s'étaient logés : mylord G·· en écoutant le Marquis, donnait des marques de la plus vive furprife : il rêva quelques moment ; enfuite regardant fes a-mis : —C'eft elle, s'écria-t-il, c'eft lady *Su-fan!* je cours auprès d'elle ; je me ferai con-naître ; nous fommes fi proches parens, qu'-elle n'héfitera pas à fe découvrir, & à rece-voir de ma part tous les fervices qui dépen-dront de moi. Monfieur le Comte, ajouta-t-il, & vous, mes amis, voudrez-vous bien m'accompagner jufque-là ? je paraîtrai feul devant Mylady, afin d'exciter fa confiance-. Ils partent tous quatre. La porte n'était pas encore refermée : le jeune Lord traverfe har-diment la première pièce ; mais en apercevant dans la feconde, une femme pâle, décharnée, sa fermeté l'abandona. Ses amis l'encouragèrent : il s'avança respectueusement vers le lit de lady Susan, en lui demandant pardon de sa hardiesse, & se fit connaître, en même-temps qu'il la pria de lui dire, s'il se trompait, en la prenant pour mylady Susan d'Al···. La Dame malade, étonnée de voir un homme auprès d'elle, parut interdite : mais le nom qu'il portait, & son respect la rassurèrent. Elle délibérait cependant sur ce qu'elle devait lui répondre; puis comprenant bientôt qu'il n'était plus possible de se cacher, elle convint qu'elle était cette infortunée Lady dont on avait publié la mort : ensuite elle s'informa de ce qui se passait dans le monde; & parmi beaucoup d'autres persones qui l'intéressaient moins, elle nomma, sans affectation sir *W*···. A ce nom respectable, lord G·· intérompit sa parente, pour l'instruire de tout ce qui regardait ce grand-homme. —Serait-il possible, lui disait lady d'Al···, après l'avoir avidement écouté ! ô ciel !... lui !... sir *W*···! qu'ils ont dû rougir du mépris qu'ils lui marquèrent !... Ah ! de quels biens ils m'ont privée, & quels maux ils m'ont causés les cruels ! ... Les sanglots l'empêchèrent de continuer. Le jeune-homme de la veille était de l'autre côté du lit ; il pleurait dans les bras de sa mère, qui l'exhortait à prendre courage. Un instant après elle regarda le jeune Lord: —Il est donc certain, & je n'en puis douter, que sir *W*··· est monté à ce haut point de gloire—?

Lord G·· fit l'éloge d'un homme qu'il aimait tendrement, & cet éloge fut complet : il ajoûta, que miſs Laura ſa fille unique, était dans le château. Lady Suſan ne put diſſimuler l'émotion que cette nouvelle lui cauſait. Mylord G·· lui fit des détails : il lui avoûa que lord C·· d· C·· le deſtinait pour être ſon gendre : il lui vanta la beauté, les grâces & les vertus de la jeune miſs Laura ; il parla des Dames qui l'accompagnaient, & finit par lui demander la permiſſion de lui préſenter quatre perſonnes charmantes, l'honneur de leur ſexe. Lady Suſan lui dit de l'en diſpenſer encore , & le pria de porter lui-même une lettre qu'elle allait écrire à Mylord C··. Le jeune Lord l'aſſura qu'il était prêt à tout ; mais ſes yeux ſe fixaient ſur ſa parente , & ſemblaient lui demander quelle relation elle avait avec cet homme célèbre ? Il ne fut pas longtemps dans l'incertitude. Lady Suſan, touchée de la candeur & du zèle que montrait Lord G·· pour la ſervir , ſe tourna vers ſon fils , & lui dit : —— Ton intérêt veut que je découvre tout , ô mon cher Baſil , & que je t'acquière un ami. Mylord, ajoûtait-elle , vous allez apprendre ce que je ne voulais confier à perſonne qu'à ſir W·· lui-même ; mais vous le méritez——. Sans lui parler davantage, elle ſe hâta d'écrire. Lorſqu'elle eût achevé ſa lettre , elle le preſſa de la lire. Le jeune Lord obéit , & ſon étonnement redoublait à chaque ligne.

B 6

LETTRE de lady SUSAN, au lord C··· D· C··!

RECONNAITREZ-VOUS ces traits, mon cher W···?... Vous vous troublez : Ils ressemblent à ceux de lady Susan, dites-vous ; mais il y a longtems que cette infortunée victime n'est plus... Ah sir W···! elle respire : elle vous écrit ; & ceux qui l'ont persécutée, qui l'ont enlevée à votre amour, ils ne sont plus. Cher époux !... Hélas ! qu'ôsé-je dire ! Une autre, depuis plus de vingt ans, occupe une place que votre cœur & les loix m'avaient donnée. Mais, je succombe sous le poids de mes malheurs : bientôt un repos éternel va succéder à des maux qui vous effrayeront, & terminer une vie, triste image de la mort. Puissé-je vous voir, avant que mes yeux se ferment pour jamais! ... Apprenez que mes barbares frères m'enfermèrent dans un cachot, où ils avaient résolu de me laisser périr. Le ciel trompa leur fureur, il la trompa doublement, puisqu'il m'a sauvée, & le fruit que je portais dans mon sein : Mylord, vous avez un fils. ,... Mes frères, croyant leur vengeance assurée, ont publié ma mort : cet instant où je vous écris, est le premier où l'on me donne à votre sujet des nouvelles certaines. Je le consacre, ce premier instant, au seul homme qui me fut cher... Mais ceci ne vous instruit pas assez, je le sens : je vais mettre le plus d'ordre qu'il me sera possible dans le récit des faits que vous ignorez.

Vous ne vous rappelez pas auſſi vivement que moi le château d'Haſtings, & cette nuit funeſte, qui devait l'emporter ſur le plus heureux jour de ma vie ; vingt ans de ſolitude abſolue n'en ont point affaibli l'iaée : mais vous, chargé du poids des affaires, & fixant l'attention de l'Europe, vous fûtes trop ſouvent diſtrait : l'image de votre épouſe, arrachée de vos bras, fondante en larmes, & pouſſant les cris du deſeſpoir, doit être effacée preſqu'entièrement de votre mémoire : vous l'avez crue morte ; une cendre inſenſible n'exige qu'un tendre ſouvenir, & non la conſtance. Ces frères, qu'un père mourant avait chargés de faire mon bonheur, ont cruellement abuſé de l'autorité qui leur fut confiée. Fiers de leurs naiſſance & de leurs titres, ils étaient bien-loin d'imaginer alors que ſir W··· ſerait un jour leur égal. Ils condannèrent mon amour : ils me diſaient que mon rang & ma religion devaient m'éloigner de vous : mais mon cœur ne les en crut pas. Ils épièrent mes démarches : une mère dénaturée autoriſait la vexation : cependant peu s'en falut que notre prudence ne rendît leurs précautions inutiles. Nous étions revenus de l'autel, où j'avais fait à l'époux que mon cœur a choiſi le ſerment que je n'ai jamais violé ; je venais de partager ſes tranſports ; le ſommeil & l'amour apeſantiſſaient nos paupières : un bruit épouvantable m'éveille : deux monſtres appuient ſur mon cœur la pointe de leurs épées, en me-

naçant de plonger, si je poussais un seul cri.
O Dieu ! que ce moment fut cruel ! plutôt cependant par l'inquiétude que me causait le
sort de mon époux, que par la crainte de la
mort. Qu'était-il devenu ? Je sus bientôt
qu'un Domestique zèlé venait d'être pris pour
vous, & de payer cette erreur de sa vie. Lorsque de deux maux qui nous accablaient, nous
sommes tout-à-coup délivrés du plus cruel,
on se trouve soulagé ; l'on croit ne plus rien
souffrir : ce fut ce que j'éprouvai, cher W···,
en apprenant que votre vie était en sûreté. La
joie, malgré mes larmes, brilla sur mon visage : mes bourreaux le remarquèrent, & leur
rage s'en accrut. Ils me jetèrent dans une
chambre obscure, où le concierge était chargé
de m'apporter chaque jour une modique ra-
tion de pain & d'eau pour toute nourriture.
Mes propres malheurs ne parurent pas leur
suffire pour me tourmenter ; j'eus devant moi
chargé de chaînes, un prisonnier français,
qui n'avait d'autre crime que d'avoir tué dans
un combat lord Jeffery le plus jeune de mes
frères ; on tourmentait tous les jours ce malheureux, & l'on me disait que ce spectacle
affreux était le seul dont je devais jouir. Le
prisonnier succomba bientôt : on l'enleva prêt
d'expirer & je ne le vis plus : son sort tout
misérable qu'il était, fut moins horrible que
le mien, puisque je vécus.

En me privant de ma liberté, & de celui
qui m'était plus cher que ma vie même, ces

tigres avaient ordonné, que *si* je devenais enceinte, on leur livrât l'enfant que je mettrais au monde. La femme du concierge d'*Haftings* était fille de ma nourrice ; elle m'aimait tendrement, & se fût exposée volontiers à tout pour me servir : elle seconda les vues de l'honnête *Andrew* son ayeul, je fus traitée avec autant de soins, que mes frères avaient prescrit que l'on eût de rigueur. Je sentis que je portais un gage de votre tendresse ; *Molly* (c'est le nom de cette femme) & le vieillard *Andrew* frissonnèrent en l'apprenant. Cependant ils eurent la prudence de me cacher l'ordre barbare qu'ils avaient reçu, & l'adresse d'empêcher mes frères & ma mère de me visiter : d'un autre côté, *Molly* feignit une grossesse ; ce qui n'était pas impossible, son malheureux époux ayant subi le sort qu'on vous destinait, la nuit de notre mariage ; & lorsque je fus accouchée dans ma prison, avec les secours qu'elle me donna, & l'aide du bon vieillard *Andrew*, elle emporta l'enfant que j'avais mis au monde, & le fit nourrir comme s'il eût été à elle : Jusqu'au jour de ma liberté, votre fils ne s'est connu lui-même & ne l'est des autres que sous le nom de *Basil Hudson*.

Vous avez une fille, on vient de me le dire ; mais votre épouse ne vous a pas donné de fils : priez-la de regarder sir *Basil* comme s'il était le sien. Je vais ensevelir avec moi la connaissance d'une vie qui ne mérite pas ce nom : que l'on craye dans le monde lady,

d'Al··· morte il y a longtemps, mais que l'on
sache qu'elle fut votre épouse, & qu'elle eut un
fils : Venez, ô vous, qui lui donnâtes la vie,
venez le voir : il porte dans tous ses traits,
des preuves qu'il est de votre sang : vous aviez
son âge, son air, le même son de voix, lorsque nous fumes unis. Venez ; mais hâtez-vous ;
le dernier moment s'approche ; il n'est suspen-
du que par l'espérance de vous revoir.

SUSAN D'AL····.

P. S. Le vieillard Andrew n'est parti que
d'hier-matin, pour s'informer s'il était encore
au monde quelqu'un à qui je tînsse : Votre
nom a pu devenir également cher & célèbre
sous les deux hémisphères, sans pénétrer pour
d'autres que pour eux jusqu'à la retraite sauvage de nos tyrans : celui qui veut bien se
charger de cette Lettre, sera peut-être auprès
de vous avant le concierge : il est mon proche
parent ; il doit être votre gendre : je lui confie
mon secret : je le crois honnête & prudent ; outre qu'il est doublement intéressé à la discrétion.

——Ah ! Milady ! s'écria le jeune Lord en
finissant, se peut-il !... je vole où vous m'en-
voyez : mais souffrez qu'un sage mortel, dont
la rencontre ici est un bonheur pour mon
cousin votre fils, vienne auprès de vous en
mon absence ; il est Français ; sa naissance est
illustre ; il se nomme le Comte de T···, &
son mérite.... ——Le Comte de T···! intérompit Susan avec un cri d'horreur ! ô ciel !
éloignez-le ; dans quels lieux l'avez-vous

amené!...Mon cher G··.... ce malheureux dont je parle dans ma lettre, victime infortunée de leur rage, c'était le frère d'un Comte de T···!... mais plutôt qu'il vienne, j'y consens: vous, partez: le terme de ma carrière s'approche, & je voudrais——....

Le Comte & le Marquis entendaient cette conversation; ils parurent dès qu'ils eurent l'aveu de lady Susan. ——Madame, dit monsieur de T···, comment s'est-il trouvé des hommes assez injustes, assez barbares.... mais ils n'ont pas épargné leur propre sœur! Ah! mon frère, mon cher Chevalier! vous languissiez..... une indigne prison...plus cruelle sans doute que la mort. ...Madame, il est donc ici!... Voyez ce qu'on m'écrivait de Londres avant mon départ. ——Je le crais mort, reprit lady Susan-: La douleur du Comte fut dans ce moment aussi vive, que le jour où le Chevalier disparut à ses yeux dans la mêlée. Le jeune Marquis donnait toute son attention à ce discours. ——Monsieur, dit-il au Comte, je suis le Français à qui mon Hélène fut promise; je n'en saurais plus douter. Mylord, ajouta-t-il en s'adressant au lord G··, puisque vous allez à Londres, informez-vous, je vous prie, si Mylord-duc de N·· est de retour d'Irlande; il achèvera de nous donner les éclaircissemens qui nous manquent——. Le jeune Lord le lui promit, & se hâta de partir.

Le Marquis, tandis que son père demeurait

auprès de lady Susan, passa dans l'apartement
de son épouse & de sa mère, que leur absence
aurait inquiétées. Mais il n'y resta qu'un moment, poussé par un instinct qu'il suivait sans le
connaître, il se fit guider par les petits-fils d'Andrew, avec lesquels il visita tous les endraits
du Fort où l'on pouvait pénétrer. Ils parvin-
rent ainsi jusqu'à l'entrée d'un souterrein profond, qui conduisait, à ce que lui dirent ses
guides, à un gouffre, ouvrage de la Nature,
dans lequel les maîtres du château fesaient
précipiter leurs victimes, par une autre ouverture, qui se trouvait au haut du rocher.
Les eaux de la mer entraient dans cet abîme,
où elles formaient une espèce de lac ; elles y
avaient même jeté quelquefois de gros pois-
sons, qu'Andrew en avait tirés. En écoutant
avec attention, il leur sembla qu'ils entendaient dans l'éloignement une voix humai-
ne : mais ayant fait du bruit, la voix cessa ; le
Marquis & ses compagnons ne discernèrent
plus que le mugissement des flots. Ils appe-
lèrent à haute-voix ; & personne ne leur
ayant répondu, ils se retirèrent.

Le motif du voyage que fesait lord G··
n'était connu que du Comte & du Marquis.
On savait seulement qu'il était parti pour une
affaire pressée qui ne le retiendrait pas longtemps. Son arrivée à Londres surprit étran-
gement mylord C··, qui s'empressa de lui demander s'il était arrivé quelque malheur.
——Point d'autre, Mylord, répondit l'amant

de miſs Laura, que celui dont cette Lettre va vous informer——. Il ſerait difficile de peindre les mouvemens de ſurpriſe, de joie, de triſteſſe & d'horreur que l'écrit de miſs Suſan fit éprouver à cet époux, à ce père, qui decouvrait un fils, dont la mère infortunée aurait pu reclamer ſes droits, & qui ne ſongeait qu'à mourir! ſon âme ſublime fut ébranlée, & des larmes s'échappèrent de ſes yeux. Il paſſa chez Mylady, pour la préparer à cet évènement: mais les adouciſſemens qu'il employa n'en affaiblirrent pas l'impreſſion: lady C¨, frappée comme d'un coup-de foudre, ne put répondre un ſeul mot. Comme ſon époux la quittait, madame de M··· arriva: le trouble de Mylady était ſi grand, qu'elle ne cacha rien à cette prudente amie. Le C¨ d'C··, qui rentra les trouvant enſemble, & les voyant fort émues, jugea que madame de M··· ſavait tout: il leur dit que, ſans différer, il allait à Haſtings avec lord G··. Les Dames voulurent l'accompagner: ils partirent tous quatre, & trois heures d'une courſe rapide les rendirent au château du Duc Fulk.

Miſs Laura, en voyant arriver Mylord & Mylady, conduits par ſon amant, fit éclater toute ſa joie; mais ſes tranſports ſe ralentirent, quand elle remarqua l'inquiétude & la douleur peintes ſur leurs viſages: à peine feſaient-ils attention à ſes careſſes; ils parlaient bas au lord G··, qui les ayant quittés un moment, revint auſſitôt pour les introduire auprès de ſa parente: miſs Laura les y ſuivit.

Lady Sufan épuifée, femblait depuis quelques heures, plongée dans un état d'indifférence & de ftupidité. Elle ne répondait que par monofyllabes à monfieur de T··· & à fir Bafil lui-même. Mais la préfence de fir W··· parut la ranimer. Elle fe met à fon féant, & lui tend les bras, avec un léger fourire. Cependant avant de lui parler, elle prit une fiole de liqueur, la verfa dans une taffe-à-thé, & but, en difant : ——Cher W···, attendez ; ceci eft un cordial qui doit me donner des forces pour m'entretenir avec vous——. Enfuite les deux époux s'embrafférent, non fans verfer des pleurs, en fe rappelant ce qui les avait féparés. Sir Bafil prit ce moment pour embraffer les genoux de fon père. Lord C·· le regarde, & voit un autre lui-même dans un jeune-homme bien-fait. ——Voila, votre fils, fir W···, lui dit lady Sufan. Ce fut alors que le cœur de Mylord éprouva ce mélange inexplicable de joie & de douleur, que caufe un bien inattendu trouvé dans le fein du malheur même. Il veut parler à ce cher fils, mais l'expreffion lui manque, il ne peut que le preffer contre fa poitrine. Lady Sufan les montrait à lady C···d·C··, qu'elle nommait fa fœur ; elle la pria d'aimer fir Bafil, & de fuccéder à tous fes droits fur lui. Et dans ce moment ayant entendu le père & le fils fe donner les noms facrés qu'ils fe devaient, elle fentit fon cœur fe dilater. Mais le breuvage venait d'achever d'uſer ſes organes; & le plaiſir était trop étranger à cette infortunée, pour qu'elle en pût ſupporter le treſſaillement: un profond ſoupir qu'elle pouſſa, fut ſuivi d'un évanouiſſement & de la mort.

Je ne m'arrêterai point ſur ces triſtes objets. Tandis que le Comte de T··· partage la ſcène de douleur qui ſe paſſe autour de lady Suſan, la Comteſſe ſon épouſe, qui l'ignore, jouit d'un plaiſir pur cauſé par l'agréable ſurpriſe que lui fait la venue de madame de M···. Les deux amies, dans ces premiers momens, ne virent qu'elles, & ne ſentirent que leur tendreſſe: mais cette délicieuſe ſituation ne dura pas. Il y avait à peine une heure que Mylord & Mylady C·· étaient auprès de lady Suſan, lorſqu'on les en vit ſortir; ils enmenaient avec eux ſir Baſil, & pleuraient: le Comte de T··· les ſuivait. Mylord C·· venait de le prier d'inſtruire les Dames, & de leur annoncer la mort de lady Suſan. Lorſque le Comte les eut miſes au fait de tout ce qu'elles devaient ſavoir, elles ſe rendirent auprès de Mylord & de Mylady, pour modérer leur douleur. ——Mon fils, diſait en ce moment, le C··d· C·· à ſir Baſil, le ciel nous a fait à tous-deux le plus beau des préſens: il me donne un fils, & vous fait trouver un père qui vous chérit. ... mais vous perdez une mère...——Mon père, répondit le jeune-homme, je ſais peu les uſages du monde; mais ſi pour être digne de vous, il ne faut qu'aimer le bien, & rougir

du mal ; s'il ne faut que reſſentir au fond de
ſon cœur un deſir ardent de vous reſſembler;
jamais perſonne ne mérita mieux l'honneur
d'être votre fils. ——Mes enfans, reprit le C.
d·C··, en réuniſſant dans ſes bras ſir Baſil &
miſs Laura, ſoyez unis, plus par votre tendreſſe que par les liens du ſang——. La jeune
Miſs répondit de tout ſon cœur aux vues de
Mylord, & ſes careſſes adoucirent les larmes
de ſon frère.

Cependant le vieux concierge n'était pas
encore revenu ; on l'attendait avec impatience, parce que lord C·· était obligé de
repartir le ſoir même ; des affaires indiſpen-
ſables le rappelant à Londres. Malgré l'air
de fermeté qu'il affectait, monſieur de T···
s'aperçut qu'un événement auſſi extraordi-
naire feſait ſur ce grand-homme une impreſſion trop vive. C'eſt pourquoi, dans la converſation, il ne ceſſait de lui mettre ſous les
yeux le bien ineſtimable qu'il recouvrait
dans ſir Baſil : il ne voulut pas qu'on aban-
donnât à eux-mêmes un ſeul moment Mylord
& Mylady ; il eſpérait que l'aimable ſociété
qui ſe trouvait à Haſtings ſerait capable de
les diſtraire des idées ſombres que lady Suſan
expirante avait excitées. Le Comte n'était
cependant pas tranquille lui-même : l'image
de ſon frère s'offrait à tout moment à ſon
eſprit : mais comment s'en informer? perſonne dans le château, n'eſt inſtruit de ſon
ſort. De ſon côté, le jeune Marquis ne ſe

laissait pas dans ses recherches : & tandis que tous les deux étaient dans un état pénible, ils ne montraient à le Comtesse & à la Marquise de T··· qu'un front serein.

Lorsque l'on fut tous rassemblés, sir Basil parut ébloui de la beauté des Dames françaises ; ses regards se fixèrent particulièrement sur Hélène ; il n'était pas accoutumé à contraindre ses mouvemens, il laissa paraître toute son admiration ; ensuite il soupira. On vit à son air, à quelques mots entrecoupés qu'il laissait échaper, qu'il avait plus d'un sujet de douleur. Monsieur de T ··, persuadé que rien ne serait plus agréable à Mylord que d'entendre parler son fils, engagea sir Basil à leur faire le récit de la manière dont il avait vécu dans ce château, jusqu'au jour où sa mère s'était fait connaître à lui. Le jeune-homme, après avoir demandé la permission à Mylord, commença de la sorte.

HISTOIRE de sir BASIL & de MAWD.

« J'ÉTAIS parvenu jusqu'à l'âge de douze ans, sans que rien m'eût encore engagé à réfléchir sur mon sort. Je m'aperçus alors qu'Andrew Hudson & sa petite-fille, qui passait pour ma mère, me témoignaient une sorte de respect, & qu'ils me traitaient avec des soins plus recherchés que leurs autres enfans. Je rougissais souvent moi-même des

préférences que l'on me marquait. Il me semblait que tous les fils de Molly étant frères,
ils devaient être également chéris. Cependant
je n'avais pas même des doutes de la vérité,
& quatre années s'écoulèrent encore, pendant lesquelles je me crus de la famille
d'Andrew. J'allais entrer dans ma dix-sep-
tième année, lorsqu'un des petits-fils du
concierge, fixé dans la province de Nor-
thumberland, vint nous rendre visite avec
ses enfans. Il occupait, dans un château appar-
tenant au lord Jaspard, & situé près de Bar-
wick, la même place que notre ayeul à Hastings. Des méchans l'avaient accusé auprès
de ses maîtres; il était accouru se justifier.
Georges (c'est ainsi qu'il se nommait) avait
un fils & une fille. La jeune *Mawd* était belle...
elle l'était autant que ces Dames. Je n'avais
encore rien éprouvé qui ressemblât au trouble
que sa présence me causa. Au bout de quelques
jours, je m'aperçus que je m'étais si bien
accoutumé au plaisir de la voir, que je ne
pouvais plus vivre sans elle. Le tems que son
père devait rester à Hastings s'écoula rapide-
ment. Georges n'eut pas de peine à détruire
la calomnie : ses accusateurs étaient deux
domestiques du Duc d'Al···; Andrew s'attendait qu'ils seraient chassés; mais, à son grand
étonnement, leur faveur augmenta : cependant, comme on rendait justice à son petitfils, il ne se plaignit pas. Lorsque je sus que
mon oncle se disposait à retourner chez lui,

je

je me mis à confidérer que je ne verrais plus
Mawd : je fus faifi de la plus vive douleur :
j'allai trouver Andrew , & je le conjurai de
faire refter ma coufine auprès de lui ; finon
je lui déclarai que je mourrais de langueur(*).
Le Vieillard réfléchit un moment; enfuite il
parut m'accorder ce que je lui demandais.
Mawd refta chés nous, & je ne trouve pas d'expreffion pour vous rendre quel fut l'excès de
ma joie. (Hélas! je prenais la voix de la Nature pour celle de l'amour , & le ciel me laiffa
dans cette erreur!) Nous ne fumes point gê-
nés ; on nous permit d'être enfemble tant que
nous le voulions, comme fi l'on eût defiré de
rendre plus vif le fentiment que j'éprouvais :
je fis à Mawd tant d'amitiés, fans lui dire que
je l'aimais, qu'à fon tour elle répondit à mes
avances de tout fon cœur.

Nous vivions ainfi dans la paix & l'innocence , d'autant plus heureux, que nous ne
fefions rien qui dût nous caufer des remords.
Je demandais quelquefois à Andrew, fi Mawd
ferait ma femme. Le Vieillard fouriait , en
me difant que ma coufine demeurerait avec
moi tant que je paraîtrais le fouhaiter.

Cependant la beauté de cette aimable fille
avait été remarquée des Maîtres du château,
de ces oncles cruels que je ne connaiffais pas,

(*) Cela s'appelle en Angleterre, *rompre fon cœur* ; ce
n'eft pas comme en France, une fimple expreffion hy-
perbolique , mais une maladie , dont les fuites funeftes conduifent au tombeau.

IVme *Partie.*   C

& auſquels l'on cachait ce que j'étais. Tous.
deux en un même jour offrirent des préſens
conſidérables à Mawd, en lui propoſant de
ſe rendre à leurs deſirs. Mawd était vertueuſe autant que charmante, elle rejeta leurs
offres avec indignation. En les quittant, elle
alla trouver ſon ayeul, & lui porta ſes plaintes de ce qui venait de ſe paſſer. Andrew
tranſporté de fureur, courut vers ſes Maîtres; il leur reprocha d'anciens deſordres.
——Je ne vous crains pas, leur diſait-il; non-
ſeulement je ſuis ſous la garde du Gouvernement, mais ſi vous ôſiez me faire perir, il
eſt quelqu'un à qui ma mort violente peut
ſeule donner le droit d'ouvrir un dépôt, qui
conſtate tous vos forfaits: c'eſt une précaution que j'ai cru devoir prendre contre vous.
Répondez - moi, Perſévérez - vous dans le
deſſein de deshonorer ma petitefille——? Le
Duc d'Al··· & ſon frère ſentaient les avantages que le Vieillard avait ſur eux : ils le fla-
tèrent, en l'aſſurant qu'il pouvait être tranquille, & que ce qu'ils avaient fait, était ſeulement pour ſonder la jeune Mawd: ils ajoutèrent qu'ils étaient charmés de ſa ſageſſe,
& qu'ils lui feraient du bien. Andrew ne les
crut pas, mais il diſſimula, & donna des
avis à ſa petitefille ſur la circonſpection qu'-
elle devait mettre dans ſes démarches : il lui
fit connaître en même-temps qu'il était inſtruit de mon amour, & qu'il l'approuvait.
Ce bon Vieillard lui conſeilla de me décou-

vrir l'odieuse entreprise de nos Maîtres, & de
ne me jamais quitter, lorsque ma mère ou
lui seraient absens.

Cette familiarité, dont on nous fesait une
loi, fut une épreuve audessus de nos forces;
Mawd ne me refusa rien, & nous commimes
sans le savoir, un crime dont je frémis encore..... Jeunes tous deux, & sans expérience,
elle portait des marques de notre passion, que
nous ne soupçonnions pas les suites qu'elle
devait avoir. Andrew nous prit un jour en
particulier; à notre grand étonnement, il devina ce que nous croyions ne se devoir jamais
découvrir. Mais bien-loin de nous gronder,
il nous témoigna plus d'amitié que de cou-
tume, & défendit à Mawd de sortir de sa
chambre. Je lui demandai pourquoi ce mystère, & si tout ne serait pas dit en nous mariant? Il me répondit, qu'il n'en était pas
temps encore; qu'il avait des desseins que
rien au monde ne pouvait lui faire ehanger;
que ne nous contraignant point, & nous
permettant de nous voir à tout moment, nous
ne pouvions & ne devions pas nous plaindre.

Par les soins d'Andrew & de celle que je
nommais ma mère, Mawd parvint heureusement à la fin de sa grossesse, sans que personne,
du-moins en apparence, y eût fait attention.
Elle accoucha d'une fille, & je me vis père à
dix-huit ans. On avait conduit Mawd dans l'endroit le plus reculé du château; malgré cette
précaution, sir Jaspard, qui fesait veiller par

fes fatellites fur toutes les démarches d'Andrew, n'ignora rien de ce qui fe paffait. Il fit
éclater une joie fi vive, lorfqu'il fe vit maître
de la réputation de celle qui l'avait dédaigné, que nous lui prêtames un tout - autre
motif que l'efpoir d'un triomphe facile, que
fon peu de délicateffe lui fefait envifager.

Cependant Mawd commençait à fe rétablir, & les rofes renaiffaient fur fon charmant
vifage : le vieillard Andrew ne nous gê-
nait pas plus qu'auparavant ; il prenait plaifir
à nous voir careffer notre fille, que Mawd
élevait en fecret, & qu'elle alaitait elle-même.
Un jour Andrew fut obligé de nous quitter
pour une affaire indifpenfable ; il nous recommanda foigneufement à fa fille, & partit,
en nous promettant d'être de retour le lendemain. Vers le milieu du jour, fir Jafpard
vint trouver Molly, & lui donna une com-
miffion. Malheureufement aucun des petits-
fils du Concierge n'était à la maifon, & je me
trouvais feul auprès de Mawd : mais nous
étions bien loin de craire fir Jafpard capable
d'employer la violence. Il s'approche de nous :
deux fcélérats, dévoués à tous fes crimes, le
fuivaient : (c'étaient les mêmes qui avaient
accufé le père de Mawd) ils me faififfent : je
veux me défendre ; ils m' lient, m'entraînent,
en me raillant, dans cette même chambre où
Mawd avait donné le jour à notre fille, &
m'y laiffent en proie à toutes les horreurs de
la jaloufie. L'infame Jafpard ne demeurait pas

inutile : d'abord il fit connaître à Mawd, desolée du traitement que l'on me fesait & tremblante pour elle-même, qu'il était instruit qu'elle n'avait pas des rigueurs pour tout le monde ; qu'elle écoutait son cousin, & venait d'en avoir une fille. Ensuite il tâcha de l'engager à acheter son silence & son indulgence même. Mawd le repousse avec horreur : le barbare se jète sur elle, & tente de ravir par la force les faveurs qu'elle lui refuse. L'infortunée fille ne ménagea rien pour sa défense, & donnait à l'infame tous les noms qu'il méritait. Le monstre odieux fut bientôt tout en sang. Alors, par une lâcheté qui fait frémir, Jaspard eut la barbarie de tirer un poignard, & d'en frapper sa victime ! elle tombe ; le scélérat laisse le poignard à côté d'elle, & se dispose à se livrer à tout ce que la brutalité peut dicter de plus indigne, lorsque Mawd revenant à elle-même, aperçoit l'arme meurtrière ; son âme généreuse semblait attendre, pour s'échapper, qu'elle se fût vengée : elle la saisit, frappe Jaspard ; le fer va chercher ce cœur dur & perfide auquel les crimes ne coûtaient rien : l'indigne expire, en poussant un cri de rage ; & Mawd épuisée par ce dernier effort, rend son âme pure à son divin Auteur. . . . . .

Les gens de sir Jaspard accoururent au cri perçant qu'il poussait, en recevant le coup mortel. La scène cruelle qui s'offrit à leurs yeux les épouvanta. Ils allèrent instruire le

Lord Fulk. Cet homme odieux n'était pas meilleur que son frère : c'était de concert qu' ils s'étaient proposé d'avilir tour-à-tour une jeune & vertueuse fille. Il vient, & frissonne, en se représentanr qu'il aurait eu le même fort, si le hazard l'avait conduit le premier auprès d'elle ; & dans sa fureur, il aurait immolé Mawd, si ce crime n'eût pas été commis. Cependant le vieillard Andrew l'épouvantait ; sans daigner s'assurer si cette infortunée respirait encore, il la fit enfermer dans un coffre, & donna ses ordres à ses satellites, pour qu'on la précipitât secrettement dans un abîme qui se trouve au piéd de la tour du château. L'innocente créature qui devait le jour à Mawd, s'éveille & pousse des gémissemens enfantins. Fulk l'entend... — Restes d'un sang odieux, s'écrie-t-il——!... Il tire le poignard sanglant,&...le dirai-je! ille plonge...

L'infame apparemment m'oublia ; car il était naturel que j'éprouvasse à mon tour sa barbarie. Lorsque Fulk se fut rassasié de sang, il sentit dans son cœur non le remords (il est des scélérats qui ne le connaissent plus) mais une vive inquiétude : il se représenta de nouveau le vieux Andrew, ce témoin involontaire de tous ses crimes, & qui pouvait le perdre ; il fit à la hâte de vaines funérailles à Mawd & à la petite Susan (car ma fille portait le nom de ma mère) & feignit d'être inconsolable des excès ausquels son frère s'était porté ; il pleurait de rage, & s'efforçait de

perfuader qu'il verfait des larmes d'attendrif-
fement. Il vint lui-même me tirer de ma prifon. ——Ah mon cher Bafil, me dit-il en fanglotant, que je fuis malheureux !... mon frère... hélas ! il a payé de fa vie fon criminel
attentat——... Je ne l'écoutais pas : je volai
vers l'endrait où je crayais trouver Mawd.
J'appelle, je m'écrie : on ne me répondait pas :
une folitude affreufe règnait dans toute la
maifon d'Andrew. Je m'avance : des ruiffeaux
de fang... mon efprit fe confond. Une penfée
s'offre en ce moment : Si c'était celui de mon
amante !... Je pouffe un cri terrible : l'hypo-
crite Fulk m'entend ; il rugit, en voulant gémir. ——Mon enfant, me dit il, tu vois les
traces du plus grand des malheurs... Mon infortuné frère... il a voulu faire violence à ta
coufine... elle a faifi fon épée ; elle l'a bleffé...
furieux de voir fon fang couler, fir Jafpard
s'eft oublié jufqu'à frapper celle qui méritait
l'hommage de tous les cœurs : bientôt rougiffant de cette indignité, on l'a vu tourner
fa fureur contre lui-même... ils on péri tous-
deux——. C'eft ainfi qu'en me déguifant les
faits, il fut changer ma furie en un dolou-
reux accablement.

La nuit vint : une nouvelle horreur s'empare de moi : je m'échappe, & dans la froide obfcurité, je parcours le château, que je
fais retentir de mes gémiffemens. Tout-à-
coup je me dis à moi-même : Et ma fille !
qu'eft-elle devenue ?... malheureux ! tu l'ou-

C 4

blies ! Je reviens ; je la cherche. J'avais les yeux égarés & la démarche d'un furieux ; ma mère Molly & fes enfans évitaient ma préfence. Dennis, la plus jeune, ôfa m'attendre. Je lui demandai ma fille. Elle me répondit en pleurant, qu'on l'avait enfevelie avec fa mère. Dans ce moment, comme fi la Juftice vengerefle m'eût guidé, je m'élance & cours à l'appartement de Fulk, réfolu de le punir d'un ctime que j'attribuais à fon frère. J'approchais de fa chambre, lorfque les deux fatellites qui m'avaient arrêté, fe trouvèrent à mon paflage. Je me précipite fur l'un d'eux, & je l'aurais étranglé, s'il eût été feul ; mais fon complice me faifit : je les menaçais encore ; leur Maître accourt : je ne lui laiffai pas ignorer mon deffein. Il me regarde avec des yeux étincelans : ——Reptile impur, me dit-il, qui as aidé ma vengeance fans le favoir, apprens que tu n'exiftes que pour moi : tes pareils, vils troupeaux de la terre, font mouvoir les machines dont nous fommes l'âme, jufqu'à ce qu' il nous plaife de détruire la machine, & d'anéantir la brute qui la traînait : tu ne faurais plus me fervir, difparais——. Il me fit lier, & je fus jeté dans un fombre cachot. Fulk, je l'entendis, m'eût fait donner la mort ; mais il me réfervait pour quelqu'occafion imprévue, où il faudrait adoucir ou effrayer Andrew.

Je fus deux mois dans cette affreufe demeure, & je comptais y périr : il y a quelques jours qu'un grand bruit fe fit entendre à la porte de ma prifon; je crus qu'on m'apportait mort que je defirais : on ouvre , & je vois Andrew fuivi de fes petitsfils , qui traînaient un des fatellites Le Vieillard court à moi. —O mon cher maître, s'écrie-t-il , vous vivez! je me trouve heureux—! Il fe hâte de me débarraffer de mes liens. Je le regardais, prefqu'infenfible , abruti que j'étais par une longue douleur : à-peine me trouvai-je le courage de fortir de ma prifon; Andrew me parla longtemps avant que je fuffe en état de lui répondre.

Lorfque je fus dans la demeure du Vieillard , mon cœur s'attendrit , & je verfai des larmes , mais je ne fongeais pas à ce que me difait Andrew & au nouveau nom qu'il me donnait. —Sir Bafil, me dit-il alors d'un ton ferme , les pleurs n'avaient rien qui vous deshonorât , tant que vous vous êtes cru mon fils : de grands intérêts doivent vous occuper à-préfent; laiffez les larmes aux enfans & aux vieillards que l'âge affaiblit : c'eft à moi de pleurer... j'ai fait , fans le favoir—... Andrew s'intérompit, je vis fa fermeté l'abandonner. Il me dit enfuite : —Le Duc d'Al·· ne fera plus dans quelques inftans ; je viens de le voir, dévoré de remords, reprocher au ciel fon exiftance : il m'a dévoîlé des forfaits... (ô malheureufe Sufan !...) nommé les monftres qui l'ont fervi, & demandé leur fupplice. Je l'ai laiffé , pour voler vers vous. Cher Bafil, vous n'êtes point mon fils; vous avez des parens illuftres... Mais je vous quitte un moment ; je

«[58]»

vais m'affurer fi votre oncle... oui, ce monftre
eft votre oncle... je vais m'informer s'il a paru
devant le redoutable Juge, & je reviens vous
apprendre mille chofes que rien ne m'oblige
plus de vous cacher——.

Je ne puis exprimer dans quelle furprife il
me laiffa. Molly, que je nommais encore ma
mère, me dit que j'allais en connaître bientôt une autre plus digne de moi. Cette ouverture remua mon cœur, & j'allais intéroger Molly, lorfque fon père revint.

——C'en eft fait, s'écria-t-il en entrant,
ces yeux qui tant de fois ont vu couler les
larmes de l'innocence qu'ils intimidaient, ces
yeux où fe peignait la cruauté, je viens de les
fermer pour jamais. Allons enfemble annoncer cette nouvelle à votre mère... ——A ma
mère! lui répondis-je; elle eft ici, & nous
allons la voir! Dites-moi comment je jouis
d'un fi grand bonheur? ——Venez, venez,
reprit Andrew; feulement vous me laifferez
la préparer à votre vue——.

Le Vieillard me guide au fond du vafte
corridor de cette aîle du château qui tombe
en ruines. Nous traverfames plufieurs chambres: parvenus à la dernière porte, il me recommanda de ne parler que lorfqu'il m'en
ferait figne. Nous entrons: j'aperçois une
femme couchée fur un lit antique, plongée
dans une rêverie qui paraiffait douloureufe:
elle leva triftement les yeux fur Andrew, mais
elle treffaillit en voyant qu'il n'était pas feul.

——O mon ami! lui dit-elle, que cette vie est longue, & que la mort tarde à venir! —Ce n'est plus à vous de la desirer, répondit le Vieillard; Fulk n'est plus; le dernier de vos bourreaux n'est plus! ——Hélas! reprit-elle, quelle fin! le genre de leur mort m'afflige autant que leurs crimes m'ont rendue malheureuse. Encore si mon fils... ——Votre fils, s'écrie le Vieillard!... Heureuse mère! tous vos maux, crayez-moi, viennent de finir——... Lady Susan soulève sa tête, elle me regarde: je ne me souvins plus de ce qu'Andrew m'a recommandé; je m'élance dans ses bras, en balbutiant, *Ah ma mère! ma chère, ma respectable mère!* Elle fut saisie: cependant sa bouche cherchait la mienne, & ses larmes inondaient mon visage. —O mon fils, dit-elle enfin, je te bénis... Que ce jour est heureux! vingt années de souffrances ne l'ont pas trop acheté... Andrew, qui me l'a conservé? ——Ses bourreaux eux-mêmes, répondit le Vieillard. ——Oh! qu'ils soient bénis pour cet acte de miséricorde, s'écrie ma tendre mère——! Ses yeux se sont arrêtés sur moi: elle a dit, —Quels traits il me retrace—! puis elle est demeurée sans parler. Andrew a profité de son silence pour achever de m'instruire. Il a rendu compte des remords de mon oncle, & de l'aveu qu'il venait de faire du motif qui l'avait porté à me conserver la vie: ensuite il m'a raconté le mariage de ma mère, & les malheurs qui l'ont suivi: il m'a parlé de mon

C 6

père, mais il ne m'a rien dit de sa gloire : ni ma mère ni lui ne savaient, mylord, ce qu'il leur eût été si important de connaître, & que personne n'ignorait : mon cousin G·· nous en a donné les premières nouvelles. Ainsi le Vieillard ne me dit presque rien de vous ; & continuant son récit, il me parla de l'adresse avec laquelle Molly feignit une grossesse, & me fit passer pour être sorti de son sein.

—Vous savez, continua-t-il, que je vous fis élever en homme-de-condition, autant que je le pus, sans vous exposer. Lorsque vous avez été grand, vous devintes amoureux de celle que nous appelions Mawd, & que je crayais de ma famille : lord Fulk en expirant, vient de me causer autant de surprise que d'horreur ; elle n'en était point; elle est, ô mylady, fille de votre époux... —Ah-Dieu ! me suis-je écrié : Mawd!... le crime n'est point à moi ! —S'il est quelqu'un qui soit coupable après eux, reprit Andrew, ce ne peut être que que moi-même. Mais écoutez. Le Duc Fulk vient de me dévoiler un abominable mystère. Sir W··· croyant leur sœur morte, avait épousé depuis trois ans, une belle & jeune Dame, sœur de mylord T··· : ils voulaient se venger, en assouvissant leur brutalité sur la fille que leur ennemi avait eu de ce mariage : ils firent disparaitre la véritable Mawd (elle fut mise à quelques milles d'ici) & lui substituèrent miss Sophie qu'ils avaient fait enlever : ses parens & moi nous la crumes

à nous ; & lorsque je découvris votre tendresse, cher sir Basil, je ne savais pas que vos
cœurs, rapprochés par la Nature, se trom-
paient de sentiment, mais qu'ils s'étaient re-
connus. J'en fus d'abord fâché, & j'en in-
struisis votre mère. Cette bonne Maitresse me
dit alors : ——Mon cher Andrew, Mawd est la
fille & la parente de ceux qui l'ont conservé ;
ah ! qu'il l'aime ! peut-il jamais payer au-
trement que par son cœur & sa main tout ce
qu'il doit à votre famille——? Lorsque je la
vis dans cette résolution, je ne pris conseil
que de moi-même. ——Andrew, me disais-je,
voici l'occasion de faire la fortune de ta petitefille, mais en te deshonorant à tes propres
yeux ; ou de te couvrir de gloire par un noble desintéressement : ton maître peut devenir
ton gendre, mais est-ce pour cela que tu l'as
conservé ? élevé comme ton fils, n'est-il pas
assez malheureux d'être privé des avantages
de sa naissance, & des moyens de se distin-
guer, sans que tu le frustres encore d'une noble alliance, par laquelle il puisse un jour réparer tous ses malheurs ? S'il épouse Mawd,
déja inconnu, ignoré, il ne passera que pour
le fils du concierge de son château : comment
se présentera-t-il dans le monde ? qui solli-
tera pour lui les places ausquelles son nom
& le sang dont il sort peuvent le faire prétendre ? Voi, Andrew, voi le Duc Howart (*)

(*) C'était un ayeul maternel : ce Duc Howart est célèbre par sa vertu, qui semble héréditaire dans sa maison.

de N··, ton ancien maître & ton bienfaiteur, qui crie de son tombeau, pour te demander compte de son petitfils !... Vous ne me reprocherez rien, m'écriai-je, braves ayeux de sir Basil : vous reconnaîtrez votre fidèle Andrew à la résolution qu'il va prendre——.

Vous vous rappelez, cher sir Basil, la complaisance avec laquelle je souffris vos amours (si j'avais pu lever le voile !) mais ce que vous ne sauriez jamais, si Mawd n'était pas aujourd'hui miss Sophie, je sacrifiais mon propre sang à l'intérêt de votre fortune. O sir Basil ! je ne devais pas moins au Duc Howart, dont la bonté généreuse me recueillit dans ma misère, qui me sauva la vie, me traita comme son fils, m'accorda sa confiance & son amitié. Je me disais à moi-même : —Sir Basil ne trouvant point d'obstacles à aimer ma fille, sa passion sera moins vive : s'il la satisfait, qu'importe pour lui (1) ? quant à Mawd, je le crais trop généreux pour la deshonorer en se vantant de ses faveurs : mais le dégoût suivra; & lorsqu'il apprendra sa naissance, il aura bien moins de peine à quitter ma fille, que si la résistance lui donnait à ses yeux un prix qu'elle n'a pas—(2).

Il m'apprit ensuite ce que je n'avais pu savoir des suites de l'attentat de sir Jaspard, &

____

(1) Quod licet ingratum, est quod non licet acriùs urit.

(2) La vertu n'est pas ici dans les choses, elle est dans l'intention & dans la manière : voila pourquoi tant d'hommes ont fait des actions mauvaises, par un principe qui les rendait héroïques & vertueuses.

me découvrit toute la fourberie & la timidité basse du Duc Fulk. —*Un goût effréné
pour les plaisirs*, ajouta-t-il, *un desir insatiable de vengeance ont occasionné tous leurs
forfaits. Dès qu'ils furent maîtres d'eux-
mêmes, ce château fortifié devint l'azile du
crime. Que de victimes de leurs débauches j'ai
vu perdre ici l'honneur & l'innocence? Un
d'entr'eux, magnanime, compâtissant, coura-
geux, ne fut pas témoin de ces horreurs; la
mort le moissonna dans son printemps: & ses
indignes frères, violant les droits des Nations
& de l'humanité, vengèrent sa mort en sau-
vages barbares sur un prisonnier français.*
[A ces mots, le Comte & le Marquis de T⋯
brûlaient d'envie de lui faire des questions,
que la présence de leurs épouses leur fit diférer].
*Le ciel punit cette injustice par tous les cri-
mes qui l'ont suivie... Mais il ne faut pas tout
dévoîler encore : sachez seulement que Mylady
fut privée de son unique soutien à la mort de
sir Jeffery. Enfin la céleste Justice marqua le
terme à tant d'excès. Le Duc voulut il y a
quelques jours séduire ma Dennis, qui n'a
pas encore quinze ans : un jeune garçon d'
Hastings auquel je la destinais, en fut instruit
on ne sait comment. Il attendit le séducteur
entre ces rochers que côtoie l'avenue du château, & lui lâcha son pistolet dans un moment où le cheval du Lord se câbrait, desorte qu'il n'atteignit Fulk que dans le bas-
ventre. Les domestiques sont accourus aux*

hurlemens de leur Maître, & sur-tout les deux satellites qui vous avaient privé de la liberté. Ils eurent bientôt découvert le jeune-homme qui fuyait en grimpant sur les rochers : ils le poursuivirent ; & le premier qui l'aborda (c'était le plus féroce des deux satellites) fut renversé dans un précipice où il a péri sans secours : le second fut blessé au bras d'un coup de couteau ; mais ayant tiré un pistolet qu'il tenait de l'autre main, le garçon tomba, & fut traîné devant le Duc, par l'ordre duquel celui qu'il avait blessé le poignarda.

Fulk ne crut pas d'abord que sa plaie fût mortelle ; mais lorsque les gens-de-l'art eurent déclaré qu'il n'y avait aucune espérance de le sauver, il s'abandonna aux frayeurs que ses crimes lui inspiraient. Il me fit appeler : je l'ai vu redouter la mort en lâche, me demander pardon, & m'avouer en sanglottant toutes les horreurs dont il s'était rendu coupable. Je l'ai tranquillement écouté jusqu'au moment où il m'a découvert que vous viviez, en me nommant le misérable qui seul avec lui connaissait votre prison. A cette nouvelle, le laissant à ses remords, j'ai couru m'emparer du scélérat, que sa blessure mettait hors d'état de me résister. Après en avoir tiré les lumières nécessaires, je l'ai conduit en lieu sûr, pour le réserver à votre justice, l'honneur de votre famille ne vous permettant pas de le livrer à celle du pays——. Voila le récit que me fit Andrew avant de partir pour Londres.

Je ne jouiſſais que depuis deux jours de la vue d'une mère que je perds en la recouvrant, lorſque mylord G·· mon couſin, & ſes amis ſont arrivés dans ce lieu ſauvage. Vous ſavez tout le reſte , monſieur. Puiſſent mon reſpect & ma tendreſſe, vous rendre cher le jour, où vous trouvez un fils! mylord , puiſſent mes ſentimens & ma conduite vous procurer les plaiſirs que votre préſence me fait goûter »!

Quelques traits de cette hiſtoire firent horreur; il n'y eut pas juſqu'à la vertu d'Andrew que les Dames trouvèrent trop dure : mais l'on déplora le ſort de mylady Suſan : l'aimable Mawd , ou plutôt miſs Sophie , attira ſur-tout l'attention des jeunes-perſonnes, qui plaignirent le double malheur de ſir Baſil : pour le C·· d· C··, après avoir parlé bas à ſon épouſe , il ſe tourna vers ſon fils : -Conſolez-vous, lui dit-il; vous n'êtes pas auſſi coupable que vous le penſez : nous n'eumes jamais d'autre fille que miſs Laura. Vous venez cependant de nous donner l'explication d'un myſtère que nous n'avions pu concevoir : la petite Sophie Temple & votre ſœur, qui ſont du même âge & qui avaient alors deux ans , étant enſemble à une maiſon de campagne ; des inconnus enlevèrent la première des bras de ſa nourrice. Les Raviſſeurs ſe trompèrent, je le vois. Quel bonheur pour vous & pour nous, ſi le crime de vos oncles ne vous avait pas ſéparé ! vous aimiez votre égale——.

Durant cette converſation, le Marquis de

T... fortit de nouveau. Son impatience ne lui permettait pas d'attendre le retour du Concierge : accompagné des petitsfils d'Andrew, il fut à ce goufre où le Duc avait fait jeter les corps de mifs Sophie & de fa fille : en examinant l'ouverture, il fit détacher une pierre, qui fut longtemps à parvenir jufqu'au fond, & parut tomber enfin dans l'eau. Un inftant après il aperçut une petite lumière : alors n'écoutant que les preffentimens de fon cœur, il fait apporter des cordes, & pénètre intrépidement dans cet abîme.

Tandis que les petitsfils d'Andrew l'y defcendent, on annonçait au C..d.C.. l'arrivée du Vieillard lui-même. Sa famille s'empreffe autour de lui : Dennis l'inftruit de ce qui fe paffe, & ne lui cache pas la mort de mylady Sufan. —O ma chère maitreffe, s'écrie-t-il, lorfque je vous apportais de la confolation, vous n'êtes plus—! Il s'affligeait, avant d'entendre fes autres enfans. Mais à peine ils eurent dit que leur maitreffe avait revu fon époux, & que fir Bafil était en ce moment avec fon père, que le Vieillard bénit Dieu & fe hâta de fe rendre où il était attendu, Tout le monde fe leva par refpect pour le vertueux Vieillard. Le C..d.C.. le reconnut ; Andrew avait été l'un des témoins de fon mariage : il embraffa les larmes aux yeux le bon ferviteur qui fe courbait devant lui, & le fit affeoir à fes côtés. —Mon fils, dit-il à fir Bafil, refpectez toujours cet honnête homme ; vous lui devez autant qu'à votre père—. An-

drew rendit compte d'abord du voyage qu'il
venait de faire : enfuite il inftruifit l'époux de
fa maitreffe de mille horreurs, qui firent concevoir à Mylord les raifons de leur inflexibi-
lité : à la fin de cet éclairciffement, qui fut
particulier, le C··d·C·· fit connaître au Concierge les vrais parens de mifs Sophie.

En revenant dans l'affemblée, Mylord dit
au Vieillard :—J'efpère, mon cher Andrew,
vous avoir à Londres auprès de moi, dès que
l'on pourra fe paffer ici de votre préfence :
vous ferez regardé dans ma maifon comme
mon frère. Le Vieillard le remercia, & ne
voulut de tous les avantages que Mylord prétendait lui faire, que l'affurance de finir fes
jours à H··, où le corps de lady Sufan devait être dépofé dans le tombeau de fon père
& du vertueux Duc Howart de N··, fur lequel il voulait porter chaque jour un tribut de larmes & de fleurs.

Il était tard : les affaires du C··d·C·· le rap-
pelaient à Londres ; il donna fes ordres pour
repartir : Andrew le pria de différer un inftant, parce qu'il avait un étanger à lui préfenter. En-même-temps il fortit. Monfieur de
T···, qui attendait avec impatience le moment
de l'entretenir, profita de cette occafion & le
fuivit.—Inftruifez-moi, s'il eft en votre pouvoir de le faire, refpectable Andrew, lui dit-
il, du fort d'un Prifonnier français, que les
maîtres de ce château… —S'il vous intéref-
fe, intérompit Andrew, vous allez le voir.

——Il eſt poſſible, reprit le Comte! il reſpire! je reverrais mon frère! ——Votre frère! oh! oh! tant-mieux! il ſera bien joyeux, car il a retrouvé ſa mémoire. ——Cher Andrew! guidez-moi, courons——. Le Vieillard étonné regardait le Comte & doublait le pas. Dans ce moment, le domeſtique du Marquis les aborde: ——Monſieur! monſieur! s'écrie-t il... mon maître——.... Et il ſe taît pour reſpirer. ——Qu'eſt-il arrivé? que fait mon fils? où l'avez-vous laiſſé?—Monſieur... dans ce précipice... —Ciel! y ſerait-il tombé!... —Non, monſieur, il vient de s'y faire deſcendre. Ah monſieur, il y va périr, & je veux m'y jeter après lui. ——Cher Andrew, vous entendez——! Ils marchent à pas précipités par un ſouterrein dont Andrew connaiſſait les détours, & parviennent juſqu'au fond de la caverne. Je laiſſe aux âmes ſenſibles à ſe repréſenter ce qu'éprouva le Comte, lorſqu'à la lueur d'une lampe ſépulchrale, il aperçut ſon frère & le Marquis. L'aimable jeune-homme tenait le père d'Hélène étraitement embraſſé: le Chevalier inondait de larmes l'époux de ſa fille. ——O mon frère, s'écrie le Comte——! Le Chevalier reconnaît cette voix chérie: il fait un effort pour ſe lever, & retombe; il lui tend les bras, & ſa langue cherche des expreſſions: mais en eſt-il pour le ſentiment qui l'anime? Les deux frères s'embraſſent; leurs corps & leurs âmes ſont confondus, & l'on n'entend que les ſons inarticulés de la tendreſſe & de la joie.

Le vieillard Andrew, touché jusqu'au fond de l'âme, bénissait Dieu, qui lui donna les moyens de sauver le respectable Prisonnier: le Marquis jète les yeux sur lui, & le reconnaît. ——Respectable Vieillard, lui dit-il, que ce spectacle attendrit, vous êtes cet Andrew qui nous l'a conservé——? Le Vieillard s'inclina. ——O bon Andrew, reprit le Marquis, reconnaîtriez-vous celui qui vint ici avec le Duc de N**? —Oui, oui, dit Andrew, & le son gracieux de votre voix me dit que c'est vous: j'en loue le Seigneur. ——Jamais, jamais, ô Vieillard, je ne pourrai vous payer ce que je vous dois. ——Mon cher fils, dit le Chevalier, vous avez raison, mais le ciel y a pourvu. -Oh! le Seigneur pourvoit à tout, dit Andrew: car voila celui que vous desiriez que votre fille reconnût. ——Tous mes vœux sont donc remplis, s'écria le Chevalier, & mon bonheur surpasse mes calamités!...Mon frère, mon fils, continua-t-il, aidez moi tous-deux—. Il se lève, & prenant la main d'Andrew: ——Voici le premier moment où je puis vous instruire d'un évènement aussi heureux qu'inattendu: mon cher libérateur, adorons les decrets toujours saints du Père-des-hommes: si je n'eusse été enseveli tout-vivant dans ce tombeau, votre fille, l'innocente & belle Mawd ne serait plus .. ——Mawd! elle! ô sainte Providence!... elle vit, dites-vous ?... oh! que je la voie... Murmure encore, taupe aveugle, & mêle-toi de sonder les célestes deffeins——! La jeune maîtreffe de fir Bafil, qui reconnaît la voix de fon ayeul, s'avance en portant fa fille entre fes bras. Le Vieillard l'entrevoit; un tremblement univerfel le faifit, & la joie le rend muet : fes yeux remplis de larmes délicieufes, élevèrent en-haut leurs regards, pour bénir l'Être des êtres. —O fir Bafil! s'écrie-t-il enfin, quel bonheur vous attend! ——Mon père! lui dit Mawd, avec agitation, ce cher amant refpire... je vais le revoir... notre fille recevra les baifers de fon père!... O jour heureux——! Le Marquis donne la main à mifs Sophie, qui ne connaiffait pas encore fa naiffance, & le Vieillard prend dans fes bras la petite Sufan; le Chevalier, foutenu par fon frère, les fuivait. Ils allaient abandonner pour jamais ces lieux funeftes, lorfque fir Bafil y parvint de la même façon que le Marquis. L'obfcurité l'empêcha d'abord de diftinguer les objets; on eut le temps de le prévenir. O Dieu! quels tranfports! fon amante & fa fille le fixaient tour-à-tour; les baifers, les careffes, fon raviffement, fa raifon prefqu'égarée, tout annonçait l'excès de fa tendreffe, & fon bonheur.

Cependant le C··d·C··, furpris de la longue abfence d'Andrew, le fefait demander, lorfqu'un des enfans de Molly, qui avait fuivi fon ayeul, vint l'inftruire de ce qui fe paffait. Mylord annonça cette nouvelle avec de grands ménagemens à la Comteffe & à la Marquife de T····: néanmoins elles demeu-

rèrent immobiles, comme si elles eussent cherché dans les yeux des autres la confirmation
de ce qu'on leur apprenait. Dès qu'elles purent se parler, Hélène dit à la Comtesse :
—Allons, chère maman !... Ah! quel bonheur !... Où le trouverons-nous ?... Mylord,
daignez-nous conduire—.

Mais tandis que la Comtesse & la Marquise suivaient le C··d·C··, monsieur de T···
apprenait à son frère, que dans l'instant il
allait embrasser sa fille & sa sœur. Le Chevalier ne s'attendait pas à jouir sitôt de cette
chère vue. Il s'arrête : —Elles sont dans ces
lieux, répétait-il, en regardant tour-à-tour
le Comte & le Marquis ! mon Hélène! ma
sœur!... Oh! ce jour est trop heureux. Il se tut,
& recueillant ses forces, il continua de marcher.

Andrew parvenait à la sortie du souterrein,
lorsque les Dames & le C··d·C·· y arrivèrent.
—Ô mylord, dit le Vieillard, qui l'eût pensé ! voici la fille de sir Basil ; l'étranger est le
frère de votre ami ; vous allez voir miss Sophie elle-même—. Le cœur d'Hélène palpitait. Elle voulait descendre, courir audevant
de son père. Il paraît enfin. Quoiqu'il fût déja tard, la lumière du jour éblouit le Chevalier : Hélène s'élance dans ses bras : son
père qui ne la voit pas, la reconnaît au tendre frémissement de ses entrailles. Il la presse
contre sa poitrine, sans prononcer un mot,
Cette fille respectueuse & chérie se laisse tomber à ses genoux, elle les embrasse ; elle cou-

vre de baifers fes mains paternelles , qui s'efforçaient de la relever. ——Ah! ma fille , s'é-
crie le Chevalier! car ce ne peut être que toi.
Il ne put en dire davantage : un profond foupir fuivit ces paroles : fes larmes s'ouvrent
un paffage. ——C'eft elle, c'eft mon Hélène,
répétait-il d'une voix entrecoupée... Ah! ma
fille, ma chère fille, je te revois... digne de ta
mère, des bontés de mon frère, de ma vertueufe fœur , & de ton époux... de cet époux
auquel tu fus deftinée au moment de ta naiffance , qui devient deux fois mon libérateur!
... O ma chère fille, lève-toi, viens dans les
bras d'un père qui t'adore... Mes yeux com-
mencent à fe familiarifer avec la célefte lumière , dont je fus fi longtemps privé : que
je te voie, que je me raffafie du plaifir de te
voir... Chère Hélène! lève donc tes regards
fur ton père!... Les forces d'Hélène l'avaient
abandonnée: le Marquis la foulève, & la
met dans les bras du Chevalier, qui s'affit entre monfieur & madame de T··· Hélène tenait la main de fon époux & celle de fon
père ; elle leur partageait fes careffes. Revenue de fa première émotion, la jeune Marquife s'écrie: ——Mon père!... quel bonheur
fuprême!... M'y ferais je attendue! ——Ma
chère fille , lui dit la Comteffe , le ciel réfervait ce prix à tes vertus——. Le Chevalier
laiffait tomber fur fes enfans des regards at-
tendris : ——Vous vous aimez , leur difait il,
autant que fe font aimés ceux qui vous ont
donné

donné le jour: O mon cher Marquis! ô ma fille! soyez heureux l'un par l'autre comme vos parens l'ont été... Ma sœur, dit-il à la Comtesse, c'est à vous que ces chers enfans doivent le fondement de leur félicité ; c'est à vous qu'Hélène doit ses vertus : ô mon aimable sœur ! voyez toute ma reconnaissance——.

Mais une autre scène touchante se passe entre la famille du C·· d·C·· : cet heureux père jouit de la douce émotion de miss Sophie & de sir Basil. Mylady, qui retrouvait dans la jeune Miss la fille de son frère, envisageait dans l'alliance prochaine avec le fils de son époux, un titre plus agréable que celui qu'elle portait à l'égard de sir Basil. Miss Laura suivait les tendres mouvemens de son cœur pour miss Sophie, à laquelle Mylord découvrait sa naissance & le nom de ses parens. On se rendit ensuite dans les appartemens les plus commodes du château, dont Andrew leur ouvrit les portes. Avant de s'éloigner, Mylord ordonna de commencer les formalités nécessaires pour faire déclarer son fils héritier de sa mère & de ses oncles, toutes les branches mâles qui auraient pu lui disputer l'héritage & les titres se trouvant éteintes. Ensuite il fit appeler un Ministre, qui reçut l'Acte d'adhésion de sir Basil à la Religion de son père, & qui donna sur-le-champ la bénédiction nuptiale aux jeunes Amans ; le C·· d·C·· se réservant d'instruire son beaufrère, & d'en obtenir la ratification de tout ce qu'il a

IV.ᵐᵉ Partie.　　　　　　　　　　D

vait fait. En quittant H··, Mylord recomman-
manda la véritable Mawd & la jeune Dennis
à Mylady ; il affura le vieillard Andrew qu'il
prendrait foin de la fortune de fes petitesfilles.

Dès que le C··d·C·· fut parti, l'on s'em-
preffa de demander au Chevalier le récit de
ce qui lui était arrivé durant fa détenfion. Il
fe difpofait d'autant plus volontiers à donner
cette fatisfaction, qu'il voulait commencer
à témoigner par-là fa reconnaiffance au vieillard Andrew : mais la jeune Marquife craignit qu'un long difcours ne fatiguât fon père;
elle en parla au Comte de T···, qui pria le
Chevalier de laiffer au Concierge le droit de
raconter des faits, dont il devait connaître
les caufes mieux que perfonne. Le Vieillard
parut flaté de ce que le Comte venait de dire,
& fa promptitude à fe rendre fit connaître
qu'on n'avait fait que feconder fes defirs. Il
prévint que l'Hiftoire des frères de mylady
Sufan fe trouvant liée aux évènemens qui re-
gardaient le Chevalier, il commencerait par
dévcloper leur caractère, en remontant ainfi
à la fource du mal.

Mais comme on fe difpofait à l'entendre,
une compagnie nombreufe arriva deLondres.
Un des fils d'Andrew ne fuivant que les mouvemens de fon zèle, était allé porter la nouvelle de ce qui fe paffait à mylord T·· frère
de mylady C··d·C··, qu'il connaiffait. Ce Lord
avertit meffieurs de M··· & de V··, le Maréchal de Th·· & mylord Duc de N··; ce der-

nier arrivait à Londres dans le moment : dès qu'il eut ouvert le Billet que le Marquis avait laissé pour lui , & qu'il eut appris la détention du jeune Français , arrêté sur de simples soupçons, que les approches d'une rupture entre les deux Nations ne permettaient pas de négliger, il alla se rendre sa caution, obtint sa liberté, en découvrant le motif de son voyage en France ; & sur-le-champ il se rendit avec ce jeune-homme auprès de mademoiselle Teneveht, qu'il amena dans sa voiture. Tous ces amis partirent ensemble, & arrivèrent à H·· par une route détournée & plus courte, comme le C··d·C·· venait d'en sortir. Je tairai tout ce qui passa dans cette entrevue; la joie de monsieur de V··, celle du père de miss Sophie , & l'approbation qu'il donna aux nœuds que le C··d·C·· venait de former.

Le bon monsieur de V··, après les premières effusions, ayant pris la main du Chevalier, tous-deux se regardèrent , en laissant échapper comme de concert le nom de Louise: Hélène, la tendre Hélène le répéte ce nom chéri ; Henriette tressaille ; le cœur du jeune Marquis s'émeut, & le Comte lui-même se trouble : —Ah !... s'écrient-ils ! elle n'est plus ! elle seule manque à notre félicité ! —Grand Dieu ! dit le Chevalier, elle est dans ton sein : son âme innocente & pure, dégagée de ces liens qui me retiennent, jouit de ta divine présence. O Louise ! chère épouse ! jète sur tes enfans & sur nous des regards protecteurs !

Voi ta fille & fon époux ; daigne, ô mère tendre, daigne fourire à leurs innocentes careffes——!... Il dit encore beaucoup d'autres chofes touchantes, tandis que le Marquis recevait les félicitations du Duc de N··, qui lui préfenta la jeune Veuve du Shérif : l'époux d'Hélène ne put revoir mademoifelle Teneveht fans rougir : il lui demanda pardon des peines qu'il lui avait caufées, comme s'il eût été le feul coupable. La jeune-perfonne lui répondit avec modeftie, qu'elle avait fubit un fort mérité ; mais que par l'évènement, la méchanceté de la Ducheffe ne lui caufait aucun tort, fon mari l'ayant faite héritière de cinq cents livres fterlings de revenu : elle pria le Marquis de travailler à fa reconciliation avec fes parens, & de leur propofer de fe fixer en Angleterre auprès d'elle. Enfuite elle ne put s'empêcher de laiffer paraître fa bonne volonté pour le jeune Français, tout en affurant, qu'elle ne ferait rien que de l'avis de fa mère & de fon ayeule. Le Marquis loua fes fentimens, mit le jeune Français fous la protection du Duc de N··, & réuffit, à fon retour en France, dans tout ce que mademoifelle Teneveht lui avait recommandé.

Lorfque la tranquillité eut fuccédé aux premiers tranfports, on propofa d'écouter le Récit d'Andrew, également intéreffant pour toute l'affemblée. Mais le Vieillard ayant averti qu'on venait de fervir, on fe mit à table : après le fouper, il prit la parole :

Effets d'une MAUVAISE ÉDUCATION.

LORD Howart, duc de N**, mon ancien maître, eut deux enfans; un fils qui lui succéda dans ses titres, & une fille bisayeule de sir Basil & de mylord G** : je passai au service du Duc d'Al** qui l'épousa, & successivement à celui du plus jeune des deux fils qu'elle en eut; mylady Susan & ses frères sortirent du mariage de ce dernier. Le Duc & la Duchesse d'Al** moururent fort jeunes, & leurs fils restèrent sous la tutelle de leur ayeul Howart: ce bon Seigneur maria très-avantageusement l'aîné; & comme il se trouvait assez riche pour donner à sir Basil le puîné, des possessions considérables, il lui chercha une épouse qui lui apportât un titre. Il choisit l'unique héritière du Comte de Shrops sa proche parente: je l'accompagnai, lorsqu'il fut la demander à son Tuteur; c'était une jeune personne toute belle, & dont l'éclat m'éblouit : mais je ne tardai pas à découvrir que le fond de son caractère était une horrible méchanceté. Mylady Damrosee, comtesse de Shrops, était aigre, vaine, impérieuse, avare & coquette. Glorieuse d'avoir donné un titre à son mari & de lui voir porter son nom, elle le regardait comme un cadet auquel elle avait fait grâce en l'épousant. Mylord Howart connut bientôt lui-même qu'il s'était trompé dans son choix, & la douleur qu'il en ressentit ré-

pandit l'amertume fur fa vieilleffe heureufe jufqu'à ce moment. Il mourut. Sa préfence était
un frein pour fa bellefille; dès qu'il ne fut plus,
elle ne s'embarraffa guères de la décence.

Dans la même année , le Duc d'Al··· décé-
da fans héritiers, & le Comte de Shrops prit
le titre de fon frère , charmé de ne plus porter celui d'une femme hautaine. La Comteffe
elle-même fe trouva flatée de ce changement
qui comblait fon ambition , en la fefant Ducheffe. Elle avait eu trois fils & une fille
du vivant du Duc Howart ; elle s'empara de
l'éducation des fils : pour mylady Sufan , elle
l'abandonna aux foins de fon père. Le nouveau Duc d'Al··· était honnête-homme, il
était vertueux , mais il manquait de fermeté.
La Ducheffe, en s'emportant , obtenait tout
de lui ; ce mari faible voyait qu'elle perdait fes
fils , fans avoir le courage de les lui arracher.

Les Parens de la Ducheffe , ainfi que le
Duc Howart, avaient paffé leur vie au milieu
de leurs Vaffaux , qui les refpectaient comme des Souverains ; deforte que Damrofee
était accoutumée à fe voir traiter en reine :
cependant après la mort du père de fon mari , elle préféra la Capitale au château des
Comtes de Shrops ; elle fit meubler un hôtel à Londres ; on s'y tranfporte ; l'on s'y crait
établi pour toujours : mais bientôt l'orgueil
exceffif de la Ducheffe lui rend infupportable
un féjour , où elle trouve qu'on ne met pas affés de différence entr'elle & le genre humain.

Elle montra plus d'empreſſement à quitter la Ville, qu'elle n'en avait témoigné pour y aller : & comme elle avait marqué du dégout pour Shrops, ce fut ici qu'elle réſolut de ſe fixer : elle y vint avec ſes fils, laiſſant à Londres ſon époux & la jeune Suſan.

L'on connaît par les diſpoſitions de l'enfance, ce que l'homme doit être un jour. Deux des jeunes Lords avaient l'âme de leur mère. Si le Duc les avait formés lui-même, il eſt à préſumer que de bonne heure il aurait corrigé la perverſité de leur naturel ; mais leurs défauts s'accrurent par la manière dont la Ducheſſe les éleva. Ils n'eurent devant les yeux que des exemples d'orgueil, de cruauté, de toutes ſortes de licences. Leur mère feſait battre ſes domeſtiques pour les fautes les plus légères ; elle vexait les Payſans, mépriſait ſes voiſins, ſuivait ſon panchant pour la galanterie, pour la débauche même, & tolérait ouvertement dans ſes fils tous les vices qu'on remarquait en elle. Ils grandirent. Mylord Fulk ſon aîné, arracha une fille jeune, belle, mais pauvre & vertueuſe, des bras de ſa mère, & la fit conduire de force dans le château : les parens de cette malheureuſe accoururent ſe jeter aux piéds de la Ducheſſe, qui ne leur répondit que par un ſouris dédaigneux : elle fit appeler ſon fils, & ſans lui faire la moindre réprimande, elle lui commanda de rendre cette jeune - perſonne. Fulk obéit ; mais il venait de lui ravir l'honneur. Je ne ferai

D 4

pas ici le détail des crimes que cette indigne mère conseilla, permit, ou feignit de ne pas remarquer, & des excès auſquels elle-même ſe livra. Elle eut des amans de toutes les conditions : un jour elle porta l'impudence juſqu'à ſe vanter d'avoir toujours trompé ſon mari, & à dire que ſir Jeffery & lady Suſan étaient les ſeuls... Je n'oſe achever devant les femmes reſpectables qui m'écoutent. Le Duc, éloigné de ſon épouſe, ignorait à quel point elle deshonorait ſon nom. Lady Suſan croiſſait ſous ſes yeux en vertus comme en âge ; elle l'aurait conſolé (ſi quelque choſe pouvait le faire) de la perte de ſes fils. Heureuſe cette aimable Lady, ſi la mort ne l'eût privée trop tôt d'un appui ſi néceſſaire!

L'âge mûrit le Duc d'Al··· : il rougit enfin de ſa puſillanimité, & voulut reprendre l'autorité qu'il s'était laiſſé ravir par ſon indigne épouſe. Il écrivit à la Ducheſſe, que *leurs fils n'étaient pas deſtinés à languir dans la ſolitude & l'oiſiveté où elle les retenait ; & finit par lui ordonner de les envoyer à Londres auprès de lui, afin qu'il pût les préſenter à la Cour.* L'ambition de Mylady ſe réveilla ; elle obéit : elle-même amena ſes fils. On dit que le jour de leur arrivée, Mylord-Duc les entretint longtemps ; il leur reprocha quelques crimes dont la voix publique l'avait inſtruit, & menaça de faire uſage de toute ſon autorité. Son épouſe était préſente : elle ne put l'écouter ſans entrer dans une exceſſive fureur.

Mylord-duc prit fur lui de parler en maître, & de la faire taire. Soit que cet effort lui eût trop coûté, ou que par un attentat horrible... Il ne vécut que deux jours après avoir donné ces marques de fermeté. Prêt à rendre le dernier foupir, il fit appeler fes trois fils : ——*Je meurs, leur dit-il, mes enfans, avant de vous avoir mariés comme je le defirais : mais ce regret n'eft pas le feul que j'emporte au tombeau : je vous laiffe, dans le doute affreux pour un père, que fes enfans peuvent deshonorer fon nom : je ne puis compter fur votre mère, pour vous enfeiger vos devoirs... O mes fils! fouvenez-vous que le crime eft toujours fuivi du châtiment : fi vous n'aimez pas la vertu, craignez du-moins la peine & le deshonneur. Au nom de tous nos ayeux, que la juftice, la piété, l'attachement à l'ancienne Religion ont rendus vénérables, je vous en conjure, refpectez-vous vous mémes : il en eft temps en ore ; on excufera votre jenneffe ; mais fi vous êtes vicieux dans l'âge mûr, votre place eft marquée pour jamais dans la claffe des fcélérats——.* Sir Jeffery fut le feul qui parut touché : il verfa des larmes : mais Fulk & Jafpard avaient le cœur trop dur ; leurs yeux fecs étaient honteufement fixés vers la terre. Le Duc les obfervait ; fon âme fut nâvrée ; il pleura fur eux, & d'une voix fuffoquée par les fanglots, il continua. ——*Je vous recommande votre fœur ; Sufan eft belle, fage, fenfible ; elle vous aime tous ; chérif-*

fez-la, faites fon bonheur en lui choififfant un époux vertueux..... J'avais jeté les yeux fur un parent de Mylord G··; fon rang n'eft pas égal au nôtre, mais j'attens beaucoup de ce jeune-homme : mes enfans, jurez-moi que vous ferez le bonheur de votre fœur unique—.

Ils jurèrent tous trois, mais un feul fe propofait de tenir le ferment. Leur père les renvoya : il comptait peu fur leurs promeffes ; il demanda fir W···; & fans une crife violente qui furvint, il allait fans-doute effectuer le projet d'union qu'il méditait... Les cris & le defefpoir de lady Sufan, à l'inftant terrible où le Duc ceffa de vivre, ne furent que le fignal de la licence pour la Ducheffe & deux de fes fils.

La mort de mon Maître les délivrait d'un cenfeur incomode : on les vit quelques jours après fes funérailles, fe livrer à une joie indécente. Pour fir Jeffery & mylady Sufan, ils étaient inconfolables de la mort de leur père. Ils ne fe quittaient plus : leur intime liaifon déplut à la Ducheffe, & cette mère dénaturée ôfa calomnier fes propres enfans, en les accufant de s'aimer d'une façon criminelle. Ce n'eft pas qu'il fût des forfaits qu'elle n'approuvât, mais elle haïffait lady Sufan, qui fut toujours chère au Duc, & qui commençait à l'éclipfer. Dans cette occafion, mylord Fulk & fir Jafpard montrèrent de l'amitié pour leur frère, & prirent fa défenfe. Cette affection, qui ne fe démentit jamais, était une vertu ; ce fut la feule qu'ils aient con-

nue: peut-être sera t-elle la preuve de ce que
j'ai avancé, qu'ils auraient été capables d'en
avoir d'autres, si le Duc les eût élevés lui-
même. L'expérience me porte à craire que
nous sommes naturellement bons, justes, &
que les exemples dévelopent les dispositions
bonnes ou dépravées: mais comme dans un
estomac dérangé, la nourriture se change en
mauvaises humeurs, ainsi la vive amitié de
Fulk & de Jaspard pour leur frère, ne fut que
la source de nouveaux forfaits, dont monsieur
le Chevalier fut la triste victime.

Les trois frères suivirent le Duc de Cum-
berland dans la dernière guerre (*1744 & 45*).
Ils se distinguaient par une haîne trop excef-
sive, pour n'être pas injuste, contre le nom
français: ils allèrent servir leur patrie avec la
même animosité, que s'ils eussent couru venger une querelle particulière. Au retour de la
première campagne, je les entendis s'applau-
dir du mal, même inutile, qu'ils avaient fait
aux ennemis: ce n'était qu'un tissu d'actions
lâches & cruelles, que leur Général eût sé-
vèrement punies dans un Soldat, s'il les a-
vait connues. Sir Jeffery changeait de langage, lorsqu'il était avec sa sœur; il rougissait
alors d'une férocité que l'exemple & l'éduca-
cation lui avaient donné, mais qui n'était
pas dans son caractère. Il favorisait sir W…;
il ôsa même pressentir la Duchesse sur une
union qui devait assurer le bonheur de la jeune Lady: mais cette femme superbe dédaigna

D 6

un simple Gentilhomme ; sir Jeffery leur conseilla d'attendre. Au printemps les trois frères se rendirent à l'armée ; le moins coupable trouva la mort dans les champs de Fontenoi, & ses deux frères y furent dangereusement blessés en volant à son secours.

Ils avaient à leur suite quelques-uns de ces hommes vils, qui, après s'être ruinés dans la débauche, se font vendus pour servir des libertins opulens : ces âmes de boue renchérissaient sur leurs Patrons, dont ils connaissaient la passion pour la vengeance : ce fut entre les mains de ces misérables que tomba monsieur le Chevalier. Dès qu'ils se furent aperçus que c'était un Officier, ils le firent traiter avec soin, le regardant comme une victime digne d'être immolée sur le tombeau de sir Jeffery, & quand les deux frères retournèrent dans leur patrie, ils emmenèrent le Prisonnier : mais (& le ciel le permit sans doute pour tromper leur méchanceté) il ne trouvèrent en lui qu'une créature insensible. Cependant, lorsque la Duchesse l'eut en sa puissance, on vit briller dans ses yeux une joie barbare. ——Cet idiot est bien tourné, disait-elle, je veux essayer si l'on pourrait en tirer parti——. Je n'entrerai point ici dans les odieux détails d'une infame conduite, qui dura plusieurs années.

A l'exception des complices de nos Maîtres, toute la maison ignorait ces horreurs. Mylady Susan, dont on ne se cachait pas, m'en instruisit un jour. Cette vertueuse Maitreſſe me pria, les larmes aux yeux, de faire mon poſſible pour leur arracher l'Officier Français, auquel on prodiguait tour à tour les bons & les mauvais traitemens, ſuivant les caprices de la Ducheſſe. Elle me conſulta ſur les moyens de ſe tirer elle-même d'entre leurs mains, en me donnant à entendre qu'elle avait d'étranges perſécutions à eſſuyer : elle ajouta, que les intentions de ſon père lui étant connues, elle n'héſiterait pas à ſe jeter entre les bras de ſir W···, s'il pouvait parvenir juſqu'à elle.

Mylady Suſan avait perdu, dans ſir Jeffery, le ſeul homme qui pût la protéger ; mais elle n'avait pas l'injuſtice de s'en prendre à un guerrier qui paſſait pour l'avoir tué dans une légitime défenſe. Cependant, à combien de malheurs cette mort l'expoſa !... Je n'héſitai pas à lui procurer une entrevue de quelques momens avec ſir W···, & deux motifs me juſtifièrent à mes propres yeux ; la volonté de mon Maître expirant, & les ordres de celle que je devais regarder comme ma véritable maîtreſſe, la jeune Lady étant la ſeule dans quî je dûſſe reſpecter le ſang du Duc d'Al··· ; ce fut ſur ces motifs que je m'appuyai dans ce que je fis par la ſuite. Tout fut arrangé entre les jeunes Amans dans ce premier entretien : nous convînmes de profiter d'une Fête que donnait le Comte de Surrey, à laquelle la Ducheſſe & ſes enfans étaient invités : ma jeune maitreſſe devait feindre une indiſpoſition pour reſter au château ; je devais introduire ſir W··· dans ſon apartement, où le Chapelain devait leur donner la bénédiction. Lady Suſan, par mon conſeil (car je me ſuis toujours défié des Prêtres) ne devait prevenir ce dernier qu'à l'inſtant de la célébration.

Tout nous réuſſit d'abord La veille de la Fête du Comte de Surrey , la Ducheſſe reçut volontiers les excuſes de ſa fille , & partit ſur le ſoir avec ſes deux fils. Dès que l'obſcurité nous favoriſa , le mari de Molly introduiſit adraitement ſir W··· : le Chapelain , que lady Suſan fit appeler ſur-le-champ, s'étant aperçu , tandis que la jeune Lad l'inſtruiſait , que toutes les portes ſe fermaient ſur lui , témoigna , par timidité , beaucoup de zèle à ſervir notre jeune Maitreſſe ; il s'empreſſa de prononcer la formule ſacrée , en donnant de grandes marques de Religion : mais dès que le traitre eut été remis dans ſa chambre , où mon fils l'enferma , il trouva moyen de ſe gliſſer par ſa fenêtre juſques dans les foſſés du château , qu'il rraverſa à la nage, & de ſe rendre en moins d'une heure à Surrey : il informa ſe Maîtres de ce qui venait de ſe paſſer. Tranſportés de fureur, la Ducheſſe & ſes fils prétextèrent une affaire imprévue, & revinrent ſur-le-champ.

Tandis que mylady Suſan & ſon nouvel époux , comptant ſur nos communes précautions , goutaient en ſécurité les douceurs d'un amour légitime, je travaillais par les ordres de

Mylady à la liberté du Prisonier Français, qu'
elle voulait enmener avec elle; & mon fils a-
menait sans bruit la chaise de sir W··· & des
chevaux frais jusqu'à l'entrée du pont-levis :
d'un autre côté, ma bru Molly traitait les
satellites qui veillaient sur nous durant l'absence des Maîtres, & ne refusait rien à leur in-
tempérance: la bière de *Burton* commençait à
les assoupir, & mon fils allait avertir les nouveaux époux que le moment de s'éloigner d'un
séjour si dangereux était arrivé, lorsque tra-
versant une des cours du château, il entendit
ouvrir une porte secrette dont les Maîtres
avaient seuls la cléf: il frissonne, & s'avan-
çant avec précaution, il reconnaît les deux
frères, que le perfide Aumônier conduisait
à l'appartement écarté où il venait de laisser
mylady Susan & son époux : il fut assez heureux pour les devancer; il charge sir W···
sur ses épaules envelopé dans un des linceuils,
repasse devant les d'Al··· sans leur donner
de soupçon, & le porte jusqu'à sa chaise. Ainsi,
content d'avoir dérobé cette victime, redou-
tant peu de chose pour notre jeune Maitresse,
il revenait auprès d'elle, afin de la tranquilliser. La Duchesse & ses fils étaient déja dans
son appartement: la jeune épouse feignait de
dormir : sa mère, son indigne mère la découvre avec impudence, pour chercher elle
même les traces..... Alors poussant un cri de
de fureur, elle ordonne à ses fils de laver leur
deshoneur dans son sang. Tous deux appuient
la pointe de leurs épées sur un sein dont la

beauté les defarma; de coupables defirs , &
non l'humanité leur firent épargner leur
fœur. La Duchefle la condanna à une prifon
auffi longue que fa vie , & laiffa Fulk & Jafpard maîtres abfolus de fon fort. Mylady
Sufan voyant en quelles mains elle était tom-
bée , pouffe un profond foupir, & nomme fir
W···, dans l'inftant où mon malheureux fils
s'avançait pour lui faire comprendre par fi-
gnes que fon époux était en fureté. Au bruit
qu'il fit en s'approchant, le Chapelain tremblant crut voir fir W··· accourir pour venger
fon époufe, il fe retourne , & lui plonge un
poignard dans la poitrine : Jafpard troublé ,
court à eux , fe jète fur le Prêtre, qu'il crait
un ennemi , & le punit de tous fes forfaits.

Dans les premiers temps de fa captivité ,
mylady Sufan fut traitée avec affez d'égards :
on lui laiffa ma bru Molly fa femme-de-chambre,& l'on fouffrit que je la viffe tous les jours.
Mais dès que fes deux frères fe furent aperçus
qu'ils n'obtiendraient rien d'elle, fa perte fut
jurée : & comme ils apprirent que fir W··· fe
difpofait à reclamer juridiquement fon époufe , ils le prévinrent , en publiant la mort de
leur fœur. Ce fut alors qu'elle fut renfermée
plus étraitement, & dans la vue d'accraître fa
peine , on mit avec elle monfieur le Chevalier, pour lui rappeler fans ceffe la perte de
fir Jeffery,pour lequel ils lui reprochèrent alors
des complaifances. Ils commencèrent à mettre leur Prifonier à la torture devant la jeune
Lady, en la menaçant de la faire paffer par les

mêmes épreuves. Je n'entrerai point dans ces horribles détails : je dirai seulement que toutes les précautions de Fulk & de Jaspard ne m'empêchèrent pas de soulager le Prisonier, & que lady Susan ne leur dérobât la connaissance de sa grossesse. Elle accoucha de sir Basil, & Molly la servit avec tant de bonheur, que cet enfant sortit du château avec sa nourrice, comme s'il eût été de Molly même & de mon fils assassiné par le Chapelain.

Je n'ai rien de remarquable à citer durant quinze ans. La cruauté des d'Al··· ne se démentit pas envers leur sœur & monsieur le Chevalier : ils accompagnaient les supplices de ce dernier de railleries amères ; ils le fesaient lier & frapper par leurs satellites comme s'il eût été furieux. La Duchesse ne le voyait pas depuis longtemps non plus que sa fille. Mylady Susan fut alors tout-à-fait abandonnée de ses frères ; car la douleur avait flétri ses charmes, elle ne paraissait plus qu'un squélette animé : mais sa prison n'en était pas moins exacte, parce que sa mort était crue de toutes les connaissances de la maison; on commença même à ne plus recevoir personne dans H··, devenu la retraite sauvage de l'oppression & du crime. Mes enfans & moi n'avions qu'une liberté apparente: nous étions observés, suivis ; si l'on nous conservait, c'est parce que nous étions estimés dans le canton, & que notre administration était heureuse.

Ce fut dans ces circonstances que monsieur

le Marquis de T··· fut conduit ici par mylord de N··. Fulk & Jaspard desirèrent de savoir le nom de leur Prisonier, auquel il était échappé quelques mots à ce sujet, au bout d'une longue maladie. Dans un voyage qu'ils firent Londres, ils amenèrent avec eux un célèbre Médecin, qui prescrivit un régime que je fis suivre exactement. Il eut quelques succès; mais par le conseil de mylady Susan, je les dissimulai. Le Duc Fulk & son frère s'ennuyèrent d'avoir cet objet sous les yeux : ils décidèrent avec leurs satellites, qu'il falait en faire un sacrifice à l'ombre de sir Jeffery. La Duchesse, heureusement gagnée par le Marquis, s'y opposa. Mais je prévis que cette bonne-volonté devait peu durer, & je trouvai le moyen de le faire entendre à mylord de N··, qui fit mettre le Prisonnier & moi-même sous la garde du Gouvernement. Cependant nous n'en eussions été guères plus en sureté, sans un expédient qui vint à l'esprit de mylady Susan : elle se rappela que ses frères l'ayant réduite au pain & à l'eau, l'avaient menacée d'en diminuer de jour-en jour la quantité, & de la laisser ainsi mourir en langueur ; qu'alors nous avions imaginé qu'elle se ferait passer pour morte, & que je la porterais dans la caverne, dont j'avais les cléfs, pour aller y prendre le poisson que la mer y jetait par les fentes des rochers; que je pourrais l'y nourrir jusqu'à ce qu'il arrivât quelque changement heureux, dont elle pût profiter sans deshonorer sa maison; car cette excellente Dame ne voulait pas de son salut à ce prix. Elle me suggéra donc l'idée de ce moyen pour sauver le Prisonier, en me représentant, avec sa piété ordinaire, quel mérite aurait devant Dieu une démarche qui prévenait un crime, & sauvait la vie d'un innocent. Je suivis aveuglément ses conseils, comme des ordres de la Divinité même.

Fulk & Jaspard venaient de faire enlever dans un village d'Irlande deux paysanes d'une extrême beauté. Ils s'appliquaient à les gagner, dégoutés sans-doute de n'avoir employé jusqu'alors qu'une brutale violence. Vain espoir! ils connurent bientôt qu'ils ne pouvaient être que haïs : ils revinrent à leur première férocité; il semble que, pour punir ces cruels d'avoir dédaigné l'amour, le Juge des hommes ne permit jamais qu'ils en connussent les douceurs. Néanmoins, je profitai du temps où les jeunes-filles semblaient les avoir adoucis, pour demander que l'Officier Français eût encore une fois la même prison que mylady Susan. Je l'obtins des deux frères & de la Duchesse elle-même, qui s'informa bonnement de lui, témoignant devant monsieur le Marquis, qu'elle était lasse de le voir languir.

Ainsi, les deux victimes infortunées sont réunies. Monsieur le Chevalier, durant quelques semaines de tranquillité se fortifia visiblement, & devint capable de s'entretenir avec mylady Susan. Nous commençâmes alors à entrevoir les charmes de son esprit, & la douceur inaltérable de son caractère : il devint cher à ma bonne Maitresse, qui trouva dans sa société le seul relâche que le ciel ait accordé à ses peines. Cette bonace fut courte: la Duchesse furieuse du départ de monsieur le Marquis, eût un jour elle même poignardé monsieur le Chevalier, s'il n'eût falu l'aller trouver dans la prison de sa fille. Les deux frères, également malheureux dans leurs amours, étaient encore plus à-craindre. En effet, ils condannèrent monsieur le Chevalier au genre de mort dont ils n'avaient que menacé leur sœur ; & je fus tellement observé les premiers jours, que je le vis insensiblement dépérir. Mais enfin le moment arriva de feindre sa mort. Je lui fis même faire des obsèques, après l'avoir porté dans le souterrein, & je gardai seul mon secret. La fraîcheur du lieu & une parfaite tranquillité, furent probablement les moyens dont Dieu voulut se servir pour rétablir parfaitement sa mémoire. Ce fut alors que je lui parlai des obligations qu'il avait à un jeune Seigneur Français & à mylord-duc de N··, & qu'il leur souhaita mille bénédictions. — *O mon Dieu!* s'écriait-il souvent en parlant du premier, *il est jeune, il peut s'égarer ; donnez-lui la vertu de son illustre ami!* Tant que la Duchesse a vécu, j'ai facilement eu l'accès du souterrein. Sa mort, qui le crairait! fut un malheur pour nous !

Damrofee, encore belle dans l'âge où l'on

cesse de l'être, passait les jours à table, & les nuits avec ses amans: cette détestable conduite trancha le cours d'une vie trop coupable; elle mourut des suites de certains excès ausquels elle se livra avec un jeune-homme du Sommersetshire, qu'elle avait fait venir à H·· sur la réputation de sa force & de sa taille extraordinaires. A-peine elle eut les yeux fermés, que sir Jaspard vint me demander les cléfs du souterrein. Je crus, en les lui donnant, que tout était perdu. Il en prend le chemin; je le suis en silence; mais, ô protection du ciel! dès que la sombre horreur du goufre s'offrit à ses regards, je l'entendis m'appeler d'une voix suffoquée, en me fesant de la main un signe d'effroi: ——*Andrew! Andrew! ôte-moi! je ne saurais*——. Je le ramenai pâle & tremblant; mais il ne me rendit pas les cléfs.

J'allai raconter cette avanture à mylady Susan, & nous déterminames ensemble que je descendrais durant la nuit prochaine une lumière par l'ouverture du goufre, avec un Billet pour avertir monsieur le Chevalier de venir toujours à la même heure recevoir ce que je lui ferais parvenir pour sa nourriture. Je l'avertissais de se cacher soigneusement au moindre bruit, dans les retraites sûres dont ce lieu ne manque pas; de conserver sa lumière, & de la faire voir aussitôt après la chute d'un petit caillou dans l'eau du lac de la caverne. Ensuite je lui descendis régulièrement tout ce qui lui était nécessaire, allant chaque nuit à l'ouverture sans lumière, depeur d'être découvert ; & ne recevant jamais rien de la part de monsieur le Chevalier, afin que si je l'étais, on n'eût pas tout mon secret. L'argent que mylord-duc de N·· m'avait remis, fut d'un grand secours, à cause de l'avarice de nos Maîtres, qui fixaient les rations de toutes les bouches dans leur fort, & de leur injustice ou de leur prévoyance qui les avaient portés à nous ôter la disposition de nos gages & de notre bien. Les choses sont restées en cet état jusqu'à la mort du Duc Fulk.

Je sais que sir Basil vous a raconté son histoire ; ainsi je ne le répéterai point. Je dirai seulement que Damrosee l'ayant vu la dernière année de sa vie, elle forma des desseins sur lui, le croyant mon petit fils, qui m'obligèrent de l'envoyer à Cambridge, d'où je ne le rappelai que lorsqu'on desespéra de la santé de son ayeule. Il ne vit jamais mylady Susan, dont l'approche n'était permise qu'à Molly & à moi. Le voyage que je fis avec quelques-uns des Domestiques dévoués aux crimes de leurs Maîtres, n'était qu'un prétexte pour me tenir deux jours hors du château. Représentez-vous ma douleur, à mon retour... ou plutôt, que les dignes parens qui m'écoutent, imaginent quelle fut le desespoir d'une mère, lorsque j'annonçai à mylady Susan la perte de son fils... Mais le ciel vient de réparer tous nos malheurs : monsieur le Chevalier même, accablé de misères, a été l'ange tutelaire de miss Sophie... Grand Dieu ! c'est ainsi que tu

fais tirer la miséricorde de la barbarie du mé-
chant ! Oh que ton nom soit béni. *Amen !*

[*Sir Basil prit alors la parole, pour donner des marques de sa reconnaissance au Chevalier de T··· : miss Sophie (ou mylady P·,
depuis son mariage) se joignit à son époux :
elle raconta ce qu'elle avait ressenti, lorsque, revenue à elle-même, elle comprit qu'elle
était sous la terre à la merci d'un inconnu ;
qu'elle le vit étancher son sang, bander ses
plaies & celles de sa fille.* ——Je n'ôsais ni vous
regarder, ni vous intéroger, *ajouta-t-elle* :
ces paroles que vous dîtes à demi-bas en anglais : *Malheureuses Victimes, sans-doute le
ciel vous envoie à moi pour que je vous sauve,
si je le puis*——: ces paroles, dis-je, me donnèrent de l'espérance. Vous m'instruisîtes ensuite de la manière dont j'étais parvenue dans
ce triste séjour...O mon père ! *poursuivit-elle
en s'adressant à mylord T··*, je ne saurais dire
avec quelle tendresse paternelle cet homme
vertueux a pris soin de nous ! Elle fut telle,
qu'après l'avoir d'abord redouté, il me vint
en pensée au bout de quelques jours, que
c'était la céleste Intelligence que Dieu m'a-
vait donnée pour gardienne, & je fus plusieurs fois sur le point de me jeter à ses piéds.
Miss Sophie s'étant arrêtée, Andrew reprit:]

Durant la maladie du Duc Fulk j'étais
beaucoup moins observé : je m'entretins un
jour avec un Français, qui venait à H·· de la
part d'un Shérif son ami, pour s'informer de
la santé de Lord-Duc. Il me parla d'une ai-

mable Française, que la Duchesse avait forcée d'épouser ce vieux Shérif, en la menaçant
de l'abandonner à ses fils, si elle résistait. De
mon côté, je ne cachai rien au jeune-homme
de ce que je savais au sujet de monsieur le
Chevalier : je dis jusqu'à son nom, ne taisant
que ce qui pouvait intéresser l'honneur d'une
maison dont étaient mylady Susan & sir Basil.
J'ai su par la suite que ce Shérif s'était enrichi
en servant les voluptés de la Duchesse; qu'étant
devenu amoureux de la jeune Française qui é-
tait sa voisine, il avait fait sur son compte une
découverte agréable à mylady d'Al···(*), & qu'
il avait demandé sa proie pour recompense; qu'
enfin il avait pris subitement la vie en dégout,
lorsqu'il s'était vu prêt à perdre l'appui qui
lui restait dans le dernier des fils de sa protec-
trice. Dès que le Duc fut expiré, je pris les ordres de mylady Susan, qui me fit partir pour
Londres, afin de ne rien entreprendre sans conseil, car nous redoutions encore les satellites
secrets : c'est ce qui fit que je découvris peu
de chose à ma famille, & que je laissai monsieur de T··· dans sa retraite. [*Puis le Vieillard s'adressant à sir Basil*] : Noble sang du
duc Howart, vous connaissez les coupables;
*songez que la compassion pour les scélérats,
n'est pas clémence, mais faiblesse* ».

(*) Andrew cache ici ce que c'était que cette découverte : il se tait de même sur l'offre que le Chevalier
voulait faire de la main de sa fille à celui qui avait été
l'occasion de son salut : la présence d'Hélène eût rendu
ces détails déplacés.　　　　　　　　　　　Lorsque

Lorsque le vieillard Andrew eut cessé de parler, le Comte de T··· & sa famille lui donnèrent toutes les marques d'estime & de considération qu'il méritait; mais ils ne s'en tinrent pas à la froide admiration, & sa vertu reçut une recompense qui surpassa ses desirs. Sir Basil consulta toute l'assemblée sur la conduite qu'il devait tenir à l'égard des complices de ses oncles. L'avis général allait à la rigueur: le Chevalier intercéda pour eux; il obtint qu'ils seraient enfermés dans H·· sous la garde d'Andrew & de ses fils, pour y être humainement traités jusqu'à la fin de leurs jours. Andrew alla sur-le-champ faire exécuter cet arrêt.

Le lendemain de cette grande journée, l'on ne songea plus qu'à se livrer à la joie. Elle remplissait tous les cœurs: le Chevalier voyait combien Hélène & le Marquis étaient heureux; il remarquait les transports que sa présence excitait; les caresses de son frère, l'amitié de la Comtesse, tout effaçait de son souvenir des malheurs trop constans.

Les agréables nouvelles qu'on reçut de France ajoutèrent à la satisfaction dont on jouissait. La Comtesse de J·· instruisait madame de M··· du mariage de Suzette avec monsieur de Saint-A··. Cette Dame écrivait aussi à la Comtesse de T···, pour lui rendre compte du bon ordre qui règnait dans sa maison, sous la conduite de Justine & du vieillard Desforets. Sur le soir, on se rendit à l'invitation du C··d·C··, qui faisait prier les Dames

IVme Partie. E

d'accompagner Mylady & ſes enfans à leur
retour à Londres. Mylord avait fait les préparatifs néceſſaires pour répandte ſur l'union
de ſir Baſil & de miſs Sophie tout l'éclat qu'
exigeait leur naiſſance. Il avait obtenu les licences eccléſiaſtiques pour unir le ſoir même
mylord G·· & miſs Laura ; de plus, il venait
d'inſtruire le Roi des circonſtances de ſon premier mariage, & ce Prince avait permis de renouveler celui qu'il avait contracté avec Mylady mère de la jeune Miſs. On partit ſur-le-
champ, & l'on enmena le vieillard Andrew.
En arrivant chés ſon père, ſir Baſil ne parut
point ébloui de la pompe qu'il y rencontra:
ſenſible au bonheur d'être aimé, indifférent
pour tout le reſte, il ne voyait que les chers
objets auſquels le ciel venait de le réunir. Si
quelque choſe ſembla l'affecter, ce furent les
marques de reſpect & de reconnaiſſance que
le peuple Anglais donna pour le zélé Défen-
ſeur de ſes droits : le jour des mariages, chaque citoyen ſemblait être de la famille de ce
miniſtre bienfeſant. Voila ſans-doute la véritable gloire. Heureux le Dépoſitaire de
l'autorité, que les peuples regardent comme
leur père, & dont l'adminiſtration fait bénir
le Prince! Il goute un bonheur que la diſ-
grâce & les revers ne pourront détruire.

Les noces de ſir Baſil & de mylord G·· furent des jours de triomphe pour Hélène & les
autres Dames françaiſes. Le Marquis de T···
entendait avec complaiſance le murmure d'admiration qu'excitait la beauté de ſa jeune É-

poufe. Son amour, que la privation du dernier effet entretenait dans toute fa vivacité, ne pouvait s'accraître ; mais ce fentiment flateur qu'élève dans l'âme la louange de l'objet aimé, fon cœur l'éprouvait ; il partageait la gloire d'Hélène, & l'encens qu'on lui prodiguait l'enivrait lui-meme.

Le foir du premier jour de ces Fêtes, lorfqu'Hélène & fon Époux furent rentrés dans leur appartement, le Chevalier, la Comtefſe de T··· & madame de Th·· allèrent les y trouver : Marthon, qui les introduifait, leur dit que fa Maitrefſe n'était pas encore au lit, & qu'elle caufait avec fon mari dans fon cabinet. Madame de T··· s'approche, comme fon fils rendait compte à fa jeune époufe de tous fes mouvemens. —*Mon amie*, lui difait-il, *je ne refpire que pour vous ; je refſens vos plaifirs plus vivement que vous-même : lorfque je vois votre bouche s'embellir par un charmant fourire, un frémifſement délicieux porte dans mon áme l'ivrefſe de l'amour. Ah ! comme vous règnez fur celui que vous rendez le plus heureux des hommes !... Tout ce qui vous voit envie mon fort ; que ferait-ce, fi, comme moi, l'on connaifſait le prix de votre cœur ! ... Tantôt, chère époufe, vous vous êtes dérobée aux hommages que vous rendaient toutes les bouches ; votre fenfible amie vous accompagnait : j'ai voulu vous fuivre fans me montrer, content de vous voir, heureux par votre feule préfence : vous parcouriez toutes* deux les endroits les plus solitaires du jardin de l'hôtel de G··. J'étais dans un bosquet, lorsque vous êtes venues vous asseoir sur la pelouse tout-près de moi : ce n'était pas le moment de troubler l'entretien de deux amies qui ne cherchaient la solitude que pour être libres. Votre belle bouche a prononcé mon nom. Mon Hélène, comme j'ai tressailli! Vous parliez à votre amie avec beaucoup de vivacité : j'ai prêté l'oreille.... Je voulais moins vous entendre... que respirer l'air que les accens de votre voix avaient frappé. —Je l'adore, disiez-vous ; ma Léonore, j'adore mon époux : auprès de lui que sont tous les hommes—! Chère épouse! j'allais paraître, & tomber à vos genoux ; votre amie a pris la parole ; elle se plaignait du Vicomte ; je n'ai pas voulu paraître l'avoir entendue. Vous vous êtes levées. Et moi, je me disais : Hélène m'adore! je le savais déja ; mais elle vient de le redire ! ô bonheur, dont il me semble chaque jour recevoir la première assurance, quand te mériterai-je ! Hélène! répétais-je en vous suivant, en fixant mes yeux éblouis, enchantés sur mon amante ; Hélène, ma tendre, ma divine épouse, c'est moi qui vous respecte, qui vous adore; ou plutôt qui vous aime, ce mot renferme tout. Je foulais avec volupté le même gazon que mon Hélène; mon cœur palpitait, lorsque je retrouvais sur le sable l'empreinte de son piéd délicat. Hélène—!... Trop ému pour en dire davantage, il laiffa parler fes yeux, & cet éloquent filence des amans qui exprime tant de chofes. La jeune Marquife répondit aux témoignages d'une tendreffe fi vive par un baifer. Le Chevalier & les Dames entrèrent pour lors. ——O mes enfans, dit le père d'Hélène, que le Dieu tout - jufte béniffe votre tendreffe! chers enfans! je vous bénis; c'eft une main paternelle qui vous bénis—. Hélène & le Marquis s'étaient mis à fes genoux : il les releva, les fit affeoir à fes côtés, & leur donna quelques avis, à peu près en ces termes :

——Mes chers enfans, je vous le dis, comme à tous les jeunes époux, c'eft à la réferve prudente que vous devrez des délices inconnues au commun des hommes. Le Marquis me paraît encore l'amant de fa femme, dans laquelle l'inclination & le devoir parlent également pour lui; Hélène jouit de tous les plaifirs qu'elle connaît, je la crois heureufe. O mes enfans! que votre félicité me femble parfaite! & qu'eft, auprès des plaifirs que le cœur donne, la jouiffance mòmentanée d'une volupté qui fouvent éteint l'amour en le couronnant! elle eft effencielle au bonheur, cette volupté, mais elle ne le conftitue pas; c'eft au fond de nos cœurs qu'en eft la fource délicieufe. Ménagez-vous toujours des defirs, jeunes époux, & craignez la Satiété, cette Harpye dont le fouffle impur empoifonne l'amour & tarit le bonheur. Il eft une règle dans la nature, dont le violement porte

avec lui sa peine : *De tout modérément* (*).
Il ne tient qu'à vous d'être heureux : écono-
mes dans vos plaisirs, réprimez quelquefois
votre ardeur ; que l'époux immole de ses
droits à la pudeur de sa compagne : Et vous,
jeune épouse, soyez complaisante, douce ;
mais chaste & modeste jusque dans vos caresses : retenez votre époux dans les bornes
de la décence ; il est des appas qu'il doit toujours desirer : sur-tout n'épuisez pas le sentiment ; en vous quittant, ayez encore quelque chose à vous dire : quelquefois, à tous
les transports d'un mari, il suffit qu'une femme réponde par un tendre régard, ou par
un souris ; quelquefois par un mot flateur,
& quelquefois aussi par un baiser : rarement
elle doit provoquer ; il est des instans où
l'homme profondément occupé, recevrait
mal des caresses importunes ; une femme raisonnable ne les hazarde pas. Ne prenez d'em-

----

(*) « Lorsqu'un nouvel être commence sa carrière,
disait un sage Persan, le souverain Moteur de toutes
choses place dans deux bassins de grandeur égale les
biens & les maux : Créature impuissante, la sagesse
consiste à les tenir dans un perpétuel équilibre : tem-
père les uns par les autres les Ris & les Pleurs : si mé-
prisant cette sage maxime, tu puises sans discrétion dans
le bassin des plaisirs, bientôt le poids de l'autre l'em-
portera, & tu seras précipité dans une calamité sans
mélange. Buvons du vin sans nous enivrer ; aimons,
mais ne multiplions pas trop nos femmes ; goutons le
plaisir sans nous en rassasier ; laissons fleurir la rose sur
l'arbuste qui la produit, car elle se fane dès qu'on la
cueille ».

pire l'un fur l'autre que celui de l'infinuance
& de l'amour ; l'autorité devient toujours
odieufe entre ceux qui doivent être égaux.
Ah! qu'il vous eft facile de gouter le bien
fuprême! la fource en eft dans le mariage ;
toute autre union ne produit que des fruits
aigres & fauvages. Faut-il que nous fachions
fi peu connaître & fi mal profiter des avantages que la fociété nos procure! infortunés!
nous fentons tout le fardeau des Loix, &
cette multitude de biens que la civilifation
produit, nous ne les goutons pas! Un fatal
engoûment d'une part ; de l'autre les terreurs
de la fuperftition empoifonnent tous les momens de notre vie. Parens, c'eft votre faute :
vous fouffrez qu'on s'empare de l'efprit de
vos enfans, & qu'on les rende pufillanimes,
fans effet pour leurs mœurs : la plaie qu'on
fait à ces âmes tendres ne fe cicatrife jamais entièrement ; les lumières de la raifon les met-
tent éternellement en contradiction avec eux-
mêmes. Méchans en dépit de leur confcien-
ce, ils bravent également tous leurs devoirs ;
& fans les inculcations précoces, ils euffent
aumoins refpecté leurs parens. Votre fils, dont
l'éducation fut fi mal dirigée, eft perdu de
vices ; vous le mariez pour le corriger : pères
aveugles, qui prétendez faire fervir de remède à fa corruption, ce qui devrait être le prix
d'un heureux changement! vous immolez
une fille vertueufe & fans expérience aux caprices criminels d'un libertin fougueux : elle

va paſſer dans les larmes les plus beaux jours de ſa vie : c'eſt durant ces temps orageux qu'elle deviendra mère ; d'innocentes créatures porteront l'empreinte de ſes douleurs, & des débordemens de ſon volage époux. Il ſe corrigera peut-être enfin, lorſqu'effrayé du délâbrement de ſes affaires, accablé de ſoins & de peines qu'il eût dû prévoir, ſes paſſions ſe feront amorties. Mais ſera-t-il temps de revenir à la ſageſſe, quand les chagrins auront aigri ſa compagne, rendu ſa ſanté chancelante ; lorſqu'elle ſera devenue preſqu'incapable de jouir du calme après la tempête ? O parens ! que l'expérience d'autrui vous inſtruiſe : rendez vos enfans vertueux avant de les marier, ſi vous deſirez leur bonheur & la tranquillité de vos dernières années. Donnez plus de ſoins à leur faire aimer le bien, qu'à les rendre opulens, diſtingués, célèbres : s'ils ne ſont pas heureux dans leurs maiſons, dequoi leur ſervira la conſidération dont ils jouiſſent aujourd'hui dans dans un petit cercle, qui demain ne ſe ſouviendra plus d'eux ? Peut-être vous vous imaginez, qu'après avoir marié votre fils ou votre fille, il ne vous reſtait plus rien à faire ? Vous vous êtes trompés : le travail n'eſt pas fini ; c'eſt le temps de dépoſer l'autorité, & de ne plus employer que la douce perſuaſion & l'exemple Vous devez pour-lors avoir toujours ouverts ſur la conduite de vos enfans, des yeux attentifs, pénétrans, & les guider, moins en qualité de père, que comme un tendre ami——.

Après ce difcours, qui était le but de la vifite, & que le Chevalier avait à deffein, rendu général, pour ne pas violer lui-même le premier des préceptes qu'il donnait, la Comteffe & lui fe retirèrent; mais Léonore demeura.

——Tantôt vous nous avez entendues, dit-elle au Marquis, & loin d'en être fâchée, je m'en félicite; je compte fur votre amitié pour mon époux, & fur les confeils que vous lui donnerez——. Elle les quitte en achevant ces mots.

Si le Marquis n'eût pas formé fa réfolution, par les motifs que j'ai rapportés, & par un autre que j'ai tu, rien ne devait plus le retenir; il venait de recevoir la bénédiction du père de fon époufe : mais la débauche avait autrefois caufé quelque dérangement à fa fanté... lui! expofer Hélène! ô Dieu! la beauté, la vertu même... cette idée l'effrayait: il voulait qu'un long intervalle l'eût pleinement affuré de lui-même. Cependant il tirait de cette retenue les avantages réels dont le père d'Hélène venait de l'entretenir.

Je vais mettre fous les yeux des Lecteurs, dans cette dernière Partie, outre l'exemple Marquis de T···, ceux du *Comte d J··*, de *monfieur de M··*, du *Comte de Saint-A··*, du *Vicomte de Th··*; & du *Comte de Q··* lui-même : les jeunes gens y trouveront quelqu'un fans-doute qui approchera de leur caractère; & certainement les fuites feront à peu-de-chofe-près les mêmes pour eux, qu' elles ont été pour ceux dont je fais l'histoire. Mais avant de remplir cette tâche, suivons l'ordre des évènemens, & revenons à ce qui se passe durant le voyage d'Angleterre.

La Cour était alors très-brillante, & la famille Royale composée de plusieurs Princes également dignes de plaire & de régner. Ils firent souvent aux nouveaux époux l'honneur de manger avec eux. Le jeune Prince E**, Duc d'Y··, cherchait avec beaucoup d'empressement à faire renaître l'occasion de se rencontrer avec la jeune Marquise de T···: cependant il n'aurait jamais trouvé le moment de l'entretenir de sa passion, s'il n'eût profité d'un Bal dans lequel Hélène ne put se dispenser de paraître. A la faveur de son déguisement, il l'entretint quelque temps & lui déclara son amour. Hélène ne l'entendit qu'à demi: elle s'éloigna dès qu'elle comprit ce que le Duc voulait lui dire, & ne quitta plus sa mère & son époux.

Un Prince jeune & charmant ne pense guères qu'on puisse lui résister, dès qu'il a dit, *je vous aime*; & j'avoue que cette opinion qu'il a de ses succès, n'est pas sans fondement. Monsieur le Vicomte de Th** était à côté d'un favori du Duc, à qui ce jeune Prince vint confier qu'il avait parlé; il ajouta qu'à la vérité la Marquise l'avait quitté sans lui répondre; mais que du moins elle connaissait sa conquête. Mylord H··· (c'est le nom de ce favori) donna des conseils à son Maître, tels que peut les suggérer un Courtisan lâche, intéreflé, corrompu; il finit par aſſurer le Prince qu'il n'attaquerait pas longtemps la vertu de la jeune Dame Françaiſe ſans en triompher. C'eſt ainſi que les Grands ont toujours auprès d'eux quelque vil complaiſant qui leur perſuade qu'ils peuvent tout ôſer : ces infames rendent à leur Maître le chemin de la vertu difficile, aulieu qu'ils applaniſſent devant lui la route du crime ; pour s'elever, ils empoiſonnent le bonheur de la patrie juſques dans ſa ſource. Monſieur de Th** avertit ſon ami de ce qui ſe tramait. Sûr du cœur de ſon épouſe, le Marquis ne fut point alarmé : il l'entretint en riant de la paſſion qu'elle avait inſpirée au jeune Duc. Hélène le prit ſur un ton plus ſérieux ; elle aſſura ſon mari qu'elle avait réſolu d'éviter toutes les occaſions de voir le Prince, & de ſe priver des divertiſſemens où elle devait le rencontrer. Le Marquis lui connaiſſait beaucoup de goût pour ces ſortes d'amuſemens ; il parut fâché du parti qu'elle prenait, & la pria d'en quitter la penſée : comme elle ne ſe rendait pas, il lui fit entrevoir que ce ſerait ſur lui qu'on rejeterait cette abſence, ce qui ſuffirait pour lui donner un ridicule. Elle ne voulut pas réſiſter davantage ; mais pour faire comprendre à ſon mari qu'il eût été plus ſage de la laiſſer fuir le péril, elle réſolut de lui donner quelqu'inquiétude. Elle conſulta ſa mère, & la pria de la diriger dans la route qu'elle voulait ſuivre : la Comteſſe approu-

va fa fille, qui ne fe permit aucune démarche que fa prudente Directrice ne l'eût exa-
minée, & n'en eût prévu les conféquences.

Les chofes étant ainfi difpofées, infenfi-
blement Hélène contraignit ces doux épan-
chemens de tendreffe qu'elle avait avec fon
mari: elle affecta de la gaîté lorfque le Duc
d'Y·· était préfent. Un jour ce Prince l'ayant
abordée, elle écouta fort longtemps mille
chofes gracieufes qu'il lui difait. Le jeune
de T···, loin d'être peiné de ce tête-à-tête, le
regarda comme un effet de la complaifance
d'Hélène. Lorfqu'ils furent feuls, il lui demanda d'un air enjoué, ce qu'elle penfait de
l'efprit du Duc d'Y··? Hélène eut un fecret dépit: elle s'avouait à elle-même qu'elle ne con-
ferverait pas autant de fang-froid, fi le Marquis avait entretenu de même une femme
dont il aurait été aimé. Après un moment de
filence, elle lui répondit, qu'elle avait oublié les difcours qu'on lui avait tenus: &
quoiqu'elle eût pris la réfolution de louer le
Prince, elle ne put jamais prendre fur elle de
dire à fon époux, qu'elle trouvait aimable
quelqu'un qui n'était pas lui. Madame de T···,
à laquelle elle rendit compte de cette con-
verfation, lui reprochait en riant fon peu de
courage. —Maman, lui dit Hélène, & mes
regards? croyez-vous qu'ils n'euffent pas dé-
menti mes difcours——?

Le jour fuivant, piquée de ce que l'affi-
duité du Prince E·· n'avait produit aucun

effet fur le Marquis, elle n'évita pas fon a-
bord : ce jeune Prince, enhardi par le libre
accès qu'elle paraiffait lui donner, parla de
fa paffion en termes fi clairs, qu'Hélène alarmée, crut devoir renoncer au projet d'inquié-
ter fon mari ; elle réfolut auffi de fe délivrer
pour toujours de pareils entretiens : dans un
moment où il la preffait de répondre, la
jeune Marquife, les yeux baiffés, le vifage
coloré d'une modefte rougeur, l'intérompit,
pour lui adreffer ce difcours : ——*Prince, rien
de plus flateur pour moi, que ce que vous avez
la bonté de me dire : mais je fuis mariée, &
je ne puis l'écouter fans crime : je dirai plus,
chérie, adorée de mon époux, fes fentimens
font peut-être encore audeffous des miens pour
lui. Ainfi le devoir, mon cœur prévenu, rempli d'un objet digne de lui, tout rend inutile
auprès de moi la galanterie & fes détours :
mon mari m'eft cher, il me l'eft au point, que
fi j'étais encore libre, & qu'un grand Prince,
jeune & charmant comme vous l'êtes, m'of-
frît l'honneur de fa main, il n'obtiendrait pas
la préférence fur le Marquis de T···. Si quelque chofe vous parle pour moi, monfieur,
prétendez à mon eftime : votre augufte naiffance vous donne des droits à mon refpect ;
mais un Prince eft un monftre, s'il ne cherche à fe faire eftimer : pour être digne du fang
dont il fort, il doit règner fur les cœurs par
fes vertus. Laiffez à fon époux une femme
dont elle eft l'unique bien, parce qu'il les mé-*

priserait tous sans elle, & respectez la Reli-
gion & les Loix : mon Prince, si le monde
entièrement corrompu foulait aux piéds la
première, & violait toutes les autres, leur
dernier refuge devrait être le cœur de vos pa-
reils : personne n'a plus d'intérét que les Rois
& les Puissans à maintenir les loix d'une so-
ciété qui, par les grands avantages qu'elle
leur fait, les élève audessus de l'humanité——.
Le Duc d'Y·· avait l'âme belle & généreuse;
il allait s'égarer, séduit par les perfides conseils d'un corrupteur pour se vaincre lui-même & rendre hommage à la vertu, il n'eut
besoin que d'écouter son cœur. ——Madame,
répondit ce Prince, je n'oublierai jamais les
avis qu'une si belle bouche vient de me donner, & j'accepte la seule place qu'il me soit
permis de prétendre dans votre cœur——. Depuis ce moment, il ne se permit plus d'entretenir la jeune Marquise de sa passion.

Les visites du Duc d'Y··, lorsque le danger
n'existait plus, produisirent enfin sur le Marquis l'effet que desirait son épouse. Il fut surpris qu'elle parût l'écouter avec plaisir, il en
fut affligé; mais il ne crut pas devoir le témoigner, & gêner la liberté de sa compagne. Hélène l'observait; elle lut dans son
cœur. Un jour, trouvant son mari plus sombre qu'à l'ordinaire, elle tâchait avec adresse
de l'engager à se plaindre d'elle à elle-même.
Mais elle ne put vaincre une sorte de timidité, qu'elle lui trouva: il rougissait, en l'as-

furant qu'il était le plus content de tous les hommes. La penfée qu'elle lui caufait quelque peine fecrette, la fefait trop fouffrir : elle le voyait prêt à entrer dans fes vues ; c'eft tout ce qu'elle avait fouhaïté : Hélène fe ferait reproché de le laiffer plus longtemps dans cette fituation douloureufe; elle pria la Comteffe d'exciter la confiance du Marquis & de le détromper. Le jeune époux n'avait pas les mêmes raifons de déguifer à fa mère les mouvemens qui l'agitaient ; elle réuffit aifément à le faire parler. —Madame, lui dit-il, j'ai réfifté aux careffes de votre fille, quoiqu'elles m'aient vivement ému ; dans toute autre circonftance, je ne lui aurais rien caché ; mais dans celle-ci, j'aurais cru lui manquer par trop de fincérité : comment lui montrer le fentiment odieux, aviliffant de la jaloufie—? Ce fut alors que la Comteffe lui fit en riant des reproches de fa trop grande fécurité ; elle lui dit qu'Hélène ne s'était conduite que par fes confeils, & qu'elles avaient voulu toutes-deux lui faire connaître, qu'il eft toujours imprudent d'empêcher une jeune-femme d'éviter par la fuite les piéges des féducteurs. —Ma mère était auffi contre moi, s'écria le Marquis ! .. Mais vous m'avez donnez, madame, en cette occafion même, une preuve de votre tendreffe ; ainfi que mon vertueux père, vous avez dans tous les temps fait fervir mes fautes à mon inftruction... Hélène! chère & tendre époufe——!... La jeune Marquife était dans la pièce voifine ; dès qu'elle entendit prononcer fon nom, elle vola dans les bras de fon époux. ——Mon amie, lui dit-il, en la preffant contre fon cœur, vous m'êtes tous les jours plus chère. ——Mon charmant mari, lui répondit Hélène, pardonne-moi d'avoir pu t'affl ger : fi cette mère tendre qui nous chérit tous deux, ne m'eût conduite dans la route qu'elle-même m'avait tracée, aurais-je ôfé y faire un pas ? O mon ami ! comment te dire... Mais il n'eft plus termes, lorfqu'il faut exprimer tout ce que mon cœur peut fentir.... ——Mon fils, dit alors la Comteffe, une femme honnête & fenfible ne trouve jamais étrange qu'un grain de jaloufie affaifonne la tendreffe de fon mari : il eft une forte de confiance que nous n'aimons pas à infpirer ; parce qu'elle annonce ou trop d'amour-propre dans un homme, ou un commencement d'indifférence. ——De l'indifférence pour Hélène !... ——Non ! mon cher époux, non, je ne l'ai pas craint——... Un baifer qu'Hélène donna, & mille que le Marquis lui rendit, finirent cet éclairciffement.

Le parti que prit en cette occafion la jeune Marquife, de vivre fort retirée avec fa mère & madame de Th··, la fauva d'un péril que firent naître la baffeffe & la perfidie de ce même lord H···, affés vil pour chercher à fe rendre néceffaire au jeune Duc d'Y··, qui l'honorait de fa confiance, en le fervant dans quelqu'intrigue.

[113]

Ce favori, que le Duc n'avait pas jugé à propos d'inftruire de fes nouvelles difpofitions, crut qu'il l'obligerait beaucoup, s'il pouvait, en trompant la Marquife, la faire trouver dans un endrait, où le Prince fût le maître de la retenir tant qu'il lui plaîrait. Il fe propofa de profiter d'une Fête que donnait mylord G··, dans une très-belle maifon à fix milles de Londres, près de *Tibury-fort* fur les bords de la *Tamife*, & pour laquelle les Dames fefaient venir de France la plus brillante parure, afin de s'y montrer fous le déguifement le plus avantageux à leur beauté. Comme il eût été dangereux pour lord H··· de choquer le C··d·C··, en manquant à ceux que ce Miniftre eftimait, il falait conduire les chofes de façon, qu'Hélène fe rencontrât avec le Duc comme par hazard. H···· s'informa donc adraitement, fous quels déguifemens devaient paraître au Bal la jeune Marquife, la Comteffe & madame de Th··. Dès qu'il l'eut appris, il fit imiter à la hâte leurs habillemens. Le premier jour il y eut des Joûtes fur le fleuve, & le foir un feu d'artifice, que les Dames virent de plufieurs barques dorées, couvertes de rézeaux. Le Duc d'Y·· & les principaux Seigneurs étaient à cette Fête. Le lendemain, il y eut Spectacle, & les Dames danférent dans le Ballet. Hélène fut de tous ces divertiffemens par complaifance pour fon mari; mais elle pria la Comteffe de la difpenfer de fe trouver au Bal, qui fe donna dans un sallon immense & magnifiquement décoré, construit sur des bateaux vis-à-vis la maison de mylord G·· : des barques couvertes d'illuminations, étaient distribuées tout-autour, & produisaient le plus beau coup-d'œil ; elles contenaient en outre toutes sortes de rafraîchissemens. Ce fut de ces dispositions que le Favori du Duc d'Y·· se promit de tirer parti, & sa fourbe était si bien concertée, qu'elle n'aurait pu manquer de réussir. Lorsque le sallon fut rempli, que tout le monde se fut dispersé, mêlé, lord H···, qui ne perdait pas un moment de vue la Dame qu'à son déguisement il prenait pour la Marquise de T···, l'éloigna de ses amies, auxquelles il substitua deux jeunes Anglaises, habillées comme vaient l'être la Comtesse & madame de Th·· : ces deux masques la prirent par la main, & l'emmenèrent dans une des barques où étaient les rafraîchissemens. Dès que lord H··· l'y vit entrée, il ordonna qu'on en éteignît toutes les lumières ; en même-temps il alla trouver le Prince, & lui dit mystérieusement qu'une belle Dame l'attendait où il allait le conduire. Le Duc demanda son nom. H··· nomma la Marquise de T···. Le jeune Prince dissimula son étonnement, & suivit le Lord, réfléchissant sur cette avanture, & ne pouvant imaginer ce que la jeune Marquise avait à lui dire.

Lorsqu'il parut, les personnes qui étaient avec la Dame masquée se retirèrent. Elle allait les fuivre, mais la barque ayant été détachée du fallon, elle demeura feule avec le Prince, qui ne s'était pas démafqué. L'on fe figure aifément quelle fut fa frayeur. Elle fit un cri. ——Calmez-vous, madame, lui dit le Duc d'Y··, nos Bateliers connaiffent le fleuve, & vont nous mettre à l'abri des importuns... Madame, on m'a fait entendre que vous aviez quelque chofe à me communiquer : cependant vous me voyez, & paraiffez interdite ! De grâce, expliquez-moi ce qu'il faut que je penfe de vos procédés à mon égard ? ——Moi ! monfieur ! .. un entretien... répondit la Dame, point... jamais... Sans doute, monfieur, vous allez dire à vos Bateliers qu'ils me remènent... ——Aurait-on ôfé me tromper, madame ?... Belle Marquife, ajouta le Prince, en lui prenant la main, lorfqu'on eft venu m'annoncer que vous defiriez cette entrevue, j'étais bien loin de craire que votre févérité fe fût démentie ; j'ai penfé que peut-être quelqu'indifcrétion... commife... malgré moi... Je viens me juftifier, ou vous demander pardon, madame—. En achevant ces mots, le Duc ôta fon mafque, & mit un genou en terre, en baifant la main de la Dame. ——Quittez cette pofture, mon Prince, lui dit la Comteffe toute troublée (car c'était elle) en fe démafquant à fon tour, & daignez m'apprendre quand ma fille vous a fait demander une entrevue—? Le Duc cacha la furprife que lui caufait fon ex-

teur, & dit les choses comme elles venaient de se passer. Madame de T*** n'y conçut rien, car elle était sûre qu'Hélène n'avait aucune part à cette avanture. Elle apprit au Duc d'Y** que la Marquise n'était pas dans l'assemblée. ——A la vérité, ajouta-t-elle, j'ai pris l'habit destiné pour ma fille, & madame de M*** a préféré le mien. Mais je n'ai rien dit qui regardât un Prince, dont je n'ai presque pas l'honneur d'être connue... Je soupçonne le masque dont les Bateliers ont paru recevoir le signal, & qui vient de sortir le dernier, d'être un téméraire, qui manque également de respect à son Prince, & d'égards envers des étrangers distingués par leur naissance & leurs mœurs——. Le Duc fit un geste de surprise, & s'efforçait de dissimuler sa colère contre lord H***, mais elle éclatait dans ses regards. Cependant par un faux principe de galanterie, il crut sa réputation intéressée à ne pas quitter une belle Dame, sans qu'elle eût eu à se défendre de quelques entreprises. Il dit à la Comtesse, qu'il se félicitait de cette rencontre, quelle qu'en fût la source, & lui fit les complimens les plus flateurs. Henriette les méritait : sa figure était de celles qui se conservent, & ses grâces l'eussent emporté sur la fraîcheur de la jeunesse : soit donc que le charme inséparable de ces divertissemens agît sur le Prince, ou que l'élégance de l'habillement de la Comtesse la rendît aussi touchante qu'elle l'était à l'âge d'Hélène, elle fit une vive impression sur lui.

Les Bateliers, qui sans-doute avaient leurs ordres, abordèrent en ce moment à un joli pavillon, parfaitement éclairé, d'où sortirent deux jeunes-personnes, qui invitèrent le Duc & la Comtesse à y descendre. Le Prince voulut voir à quoi cette menée devait aboutir, il y conduisit madame de T···, malgré sa répugnance. Ils furent reçus dans un voluptueux boudoir, où l'on respirait les plus doux parfums de l'Yémen ; où de lascives peintures expliquaient aux yeux l'emploi des momens dans ce temple des plaisirs. Les portes se fermèrent sur eux. La Comtesse parut alarmée, sur-tout, lorsque le Prince l'ayant obligée de s'asseoir sur un sopha, il se fut mis à ses genoux, en s'emparant d'une de ses mains. Elle voulut appeler. Le Duc sourit : ——Me croiriez-vous, madame, lui dit-il, assés méprisable pour ravir des faveurs précieuses, mais lorsqu'elles sont accordées? Oui, madame, plus je vous trouve belle, plus je veux montrer de respect... Faut-il l'avouer, tous ces attraits qui m'ont charmé dans la séduisante Marquise, je les retrouve en vous ; voila sa bouche, ses yeux, son sourire auquel on ne peut resister. Elle est faite comme vous ; lorsque tout-à-l'heure vous m'avez parlé, je croyais entendre sa voix, dont l'harmonie remue si délicieusement les âmes... Je dois penser pour vous comme je pense pour elle... (*& voyant qu'elle voulait se lever*) Ne me privez pas encore, du plaisir de vous admirer, de parcourir des yeux cette jolie parure... que vous êtes bien !... que la Marquise eut été... Madame, je vous l'ai dit, je n'ai point de part à cette avanture ; mais... si c'était la Marquise... qu'elle fût où vous êtes... Convenez, madame, qu'il faudrait avoir un furieux empire sur soi, pour modérer. ... Divine Comtesse, elle est votre image ; & sa main n'est pas plus belle, que celle où mes lèvres... O madame ! pourquoi me redoutez-vous !... ces yeux sont doux, tendres ; cependant leurs regards m'interdisent... ceux de votre fille n'ont pas encore acquis cette dignité ; en commandant le respect, elle n'inspirerait que la tendresse, & peut-être l'auda..——.

Une foule de réflexions agitaient la Comtesse pendant ce discours : elle se représente Hélène aux prises avec un audacieux, que de séduisans dehors... Cette idée la fit frémir : elle repousse le jeune Prince, qui la retient, & veut se débarrasser. Dans ces différentes tentatives, elle découvrit la plus jolie jambe... Le Duc portait furtivement ses regards tantôt sur cette jambe, tantôt sur le pied mignon qui la termine : l'ivresse de la volupté chasse le respect ; il est prêt à s'oublier, & déja... ——C'en est trop, monsieur, lui dit la Comtesse avec fierté ; arrêtez, jeune-homme, ou je saurai vous faire connaître que le vice vous dégrade——. Ces mots, prononcés avec la dignité de la vertu firent impression sur le jeune Prince : il parut interdit : ——Je suis

coupable, madame, dit-il en rougiſſant;
mais pardonnez : votre beauté, ma jeuneſſe,
la vivacité qu'ont à l'âge où je ſuis toutes les
paſſions, me rendent excuſable, peut-être :
je vous jure que je n'ai point eu deſſein de
vous offenſer, & que j'ai cru permis—... Le
Duc d'Y·· avait lu ces Brochures françaiſes
qui donnent des leçons d'impudence & de
débauche; leur pernicieuſe morale avait ter-
ni la candeur de ſon âme. Cependant il s'intérompit lui-même, s'aſſit, & pria madame
de T··· de ne lui pas ôter ſitôt le plaiſir de
l'entretenir. —Prince, reprit la Comteſſe,
je veux bien reſter quelques momens encore,
& cauſer avec vous; mais promettez-moi
qu'enſuite vous ne vous oppoſerez plus...
—Madame, commandez... dès-à-préſent—..
La Comteſſe tranquilliſée, lui dit alors :
—*Prince, vous êtes d'un caractère excellent,*
je le ſais ; vous avez des vertus, & cette vi-
vacité que vous laiſſez paraître, ceſſera d'être
un mal, ſi vous ſavez la diriger vers la gloire.
Voici les avis que je donnerais à mon fils, s'il
était à votre place : Il ne faut pas ſuivre tout
ce que nous dictent nos paſſions & l'impétuo-
ſité de notre tempérament : il faut économiſer
ſes forces, & le reſſort du ſentiment, avec plus
de ſoin, qu'un homme prudent & raſſis ne
ménage le patrimoine de ſes enfans : il vient
un temps, où les forces diſparues, le ſenti-
ment épuiſé laiſſent l'âme dans un état d'im-
puiſſançe, pire que la léthargie du corps,

puisqu'il est douloureux : mon Prince, vous êtes bouillant, & (permettez que je le dise) sans expérience : vos mœurs étaient perdues, si vous eussiez aujourd'hui rencontré quelqu'une de ces femmes, qui prétendent faire le bonheur de tous les hommes qui s'attachent à elles, & font gloire de suivre ce qu'elles nomment le doux panchant de la nature : elle n'eût pas manqué de chercher à s'emparer de votre cœur, pour y règner en despote. Mais point de bonheur que dans une tendresse véritable, & dont celle qui en est l'objet n'a point à rougir : Prince, si vous aimez une femme liée avec un autre par le devoir, de deux choses l'une ; ou vous êtes contraint de dérober votre flâme à tous les regards ; ou, fièr de votre naissance & de votre pouvoir, vous dédaignerez le jugement du reste des hommes. Dans le premier cas, votre conduite vous a donc paru honteuse, puisque vous la cachez ? mais les actions des Grands sont toujours sues. Dans le second, le murmure & le mépris des peuples qu'excite le nom de celle qui s'affiche pour être à vous, doit vous apprendre qu'elle est vile, & que son ignominie qui va rejaillir sur vous, vengera la pudeur & la décence publiques, que vous aurez bravées. Qu'est-ce qu'un Grand qui donne l'exemple des mauvaises mœurs, sinon un insensé qui déchaîne les lions qui vont le dévorer ? Le peuple a toujours les yeux ouverts sur ceux de votre rang, prêt à se modeler sur ses guides ;

fi vous fecouez le joug de la Religion & des Loix par lequel il vous eft attaché, que voulez-vous qui le retienne? c'eft lui mettre le poignard à la main. Mais eft-ce affés pour un Grand de ne pas faire le mal, & ne doit-il pas briller par les vertus? il en eft mille dont le plein exercice n'eft facile que pour les Princes; la bienfefance, ce noble plaifir des belles âmes, eft fi doux pour elles, qu'il les ferme à tous les autres; devenez l'appui des peuples, permettez à l'opprimé un libre accès auprès de vous; un mot, un feul mot de votre bouche peut faire une multitude d'heureux: la carrière de la gloire vous eft encore ouverte comme Général & comme Légiflateur... Mais je m'en permets trop. Prince, tenez-moi votre parole; il y a longtemps que je fuis ici; les mœurs préfentes, votre figure & l'opinion qu'on a des femmes ne me laifferont pas jouir impunément de l'honneur que vous venez de me faire. Le Duc fe leva; il affura la Comteffe de tout fon refpect: ——Vous venez d'acquerir, madame, lui dit-il, des droits éternels à ma reconnaiffance——. Enfuite il fonna: les deux jeunes-perfonnes qui les avaient introduits reparurent; leur vifage fe couvrit de rougeur, en regardant la Dame mafquée. Le Prince leur ordonna d'appeler les Bateliers. En arrivant auprès du fallon, lord H··· fe préfenta pour donner la main au jeune Duc, qui la refufa, & défendit à ce Seigneur, devant la Comteffe, de jamais fe préfenter devant lui. —Vous pou-

IVme Partie.   F

vez, ajouta le Prince, publier le sujet qui me fait rompre avec vous——. En achevant ces mots, il ramena la Comtesse dans l'assemblée. Il y avait tant de monde, le tumulte était si grand, que personne ne s'aperçut de l'absence de madame de T···, qui, dès qu'elle se vit libre, se déroba, pour revenir auprès d'Hélène.

La jeune Marquise, depuis qu'elle avait ouvert son cœur à son époux, évitait toutes les rencontres dont le Prince E·· aurait pu profiter. Cependant peu s'en était falu qu'à la sollicitation de madame de Th·· & de my-lady G··, elle ne se fût trouvée au Bal : pour s'en défendre, elle avait feint une légère indisposition ; le Chevalier, dont la santé était chancelante, lui tenait compagnie. A son retour, madame de T··· lui fit part de ce qui venait de se passer avec le Duc d'Y·· : elle ajouta, en riant, que si elle avait su à quoi l'on s'exposait, en passant pour elle au Bal, elle se serait bien gardée de se servir de sa parure. La jeune Marquise étonnée de la témérité de lord H···, se confirma dans la résolution de renoncer à ces divertissemens bruyans & dangereux, où la vertu est toujours attaquée, & souvent vaincue. Le vice, à l'aide d'un déguisement que les Moralistes ont raison de trouver criminel, y brave la censure de la sagesse & la flétrissure que la honte qui le suit ne manque jamais de lui imprimer. De son côté, le Marquis, quoique sensible à la gloire de montrer une épouse si belle,

goûtait un plaisir plus doux, en lui voyant
aimer son devoir, & fuir jusqu'à l'ombre du
péril. S'il éprouva qu'une belle femme est un
trésor toujours envié, il se convainquit, que
lorsqu'elle est tendre & fidelle, elle élève son
époux audessus du reste des hommes ; ce qu'
on fait pour ravir son cœur, ajoute à la gloire de l'épouse & à la félicité du mari.

On reçut le lendemain des nouvelles de
France. La Comtesse de J· fesait à madame
de M··· un tableau charmant de la félicité
dont le Comte de Saint A·· jouissait avec Suzette, quoique depuis son mariage, leur jeune
sœur ne se fût guères plus humanisée qu'auparavant. Elle apprenait à monsieur & madame
de T··· qu'elle venait de recevoir une visite du
vieillard Desforets, qui l'avait instamment
priée de les engager à permettre à son fils de
rechercher Justine. Elle parlait avantageuse-
ment de ce jeune-homme, qui paraissait for-
tement épris. Le jeune Desforets avait été
au Collége l'Émule du Marquis de T···,
& l'avait accompagné à son premier voyage d'Angleterre : il devait succéder à son père,
& c'était sur lui que roulaient déja tous les
détails : ainsi le parti convenait parfaitement.
Cette Dame donnait beaucoup de louanges
à la modestie & à la retenue de Justine, qui
ne voulait accorder d'entretien particulier à
son amant, que lorsque madame de T··· serait de retour, & qu'elle l'aurait approuvé.

Une Lettre de monsieur de Saint-A·· au Vicomte, annonçait la fin tragique du Comte

de Q · ·. Comme elle contenait d'ailleurs l'histoire de son éducation & de celle d'Amélie sa sœur, je vais la rapporter en entier.

Je ne sais, mon cher, si votre dessein à tous est de devenir Anglais, ou si vous espérez trouver à Londres de meilleurs amis que de J·· & moi : dans ces deux cas, je vous dirais encore : Revenez bien vite ; c'est ici votre patrie, à laquelle vous devez & des sacrifices & vousmêmes. Mais craignez d'être ingrats ; vous êtes si vivement desirés, qu'il y aurait de la cruauté à nous priver plus longtemps de votre présence. Mon aimable, ma charmante épouse ne cessera de bouder, que lorsqu'elle embrassera ses sœurs, & sur-tout lorsqu'elle aura détaillé tous ses griefs contre l'odieux personnage (c'est moi, sans vanité) à madame la Comtesse de T···.

Nous parlions hier chés monsieur de J·· de la scène touchante dont vous avez été témoins. Madame de J·· se représentait le Comte & le Chevalier dans les bras l'un de l'autre ; la jeune Marquise aux genoux de son père, lui baisant les mains & ne pouvant parler ; elle a voyait ensuite transportée, hors d'ellemême, mise par la plus digne des femmes contre le sein paternel, dans lequel elle semble puiser la force de soutenir son bonheur... Elle nous attendrissait, & pleurait elle-même. Tu vois comme nous nous occupons de vous : Reviens, mon frère, & ramène avec toi tout ce que nous aimons. On dit ici que notre Am baſſadeur ne ſéjournera pas encore longtemps à Londres : je m'en réjouirais, ſi ſon rappel ne nous annonçait la guerre & ſes malheurs.

Dis à monſieur le Marquis de T···, que nous ne verrons plus ce pauvre Comte de Q··. Sa fin a été bien triſte ; elle me fait trembler. Tu ſais que malgré les repréſentations des gens ſenſés qui le connaiſſaient, il épouſa la F·· : avant ce mariage, j'avais tout employé pour l'empêcher ; mais la choſe étant faite, je compris qu'il n'était plus queſtion que de les exhorter à bien vivre enſemble. Je donnai mes avis à madame de Q·· ; elle me promit de les ſuivre, & commença de mener une conduite honnête : peut-être eût-elle continué, s'il avait été poſſible d'être ſage avec un mari tel que le ſien. Comme je ſais toutes les anecdotes de ſa vie, & qu'il en eſt qui ſont parfaitement ignorées du Marquis de T··· lui-même, je vais entrer dans quelques détails à ſon ſujet.

HISTOIRE du COMTE DE Q··.

« MONSIEUR & madame de Q··, parens du Comte, furent de ces gens mous, criailleurs, réprimandant ſans - ceſſe pour les bagatelles, mais tolérant les vices, & qui ſe ſont fait une habitude d'un ton de plainte, qui rend leurs remontrances auſſi ridicules qu'inſuportables. Cette manière, aſſez commune, eſt, à ce que je penſe, de toutes la plus mauvaiſe ; parce qu'elle accoutume les enfans à mépriſer également la Religion, les Loix, &

tous les avis que leurs supérieurs ou leurs é-
gaux pourront leur donner. Ce fut ce qui arriva au Comte de Q·· : dans sa première jeunesse il était un vaurien, qui ne s'occupait
qu'à des espiègleries fort desagréables pour
ceux qui en étaient l'objet : au Collége, il ne
fit rien ; à la maison, il batait son précepteur,
brisait les meubles, &c. Sa mère, bonne-
femme, dans toutes les acceptions qu'on
peut donner à ce terme, adorait ce cher fils,
que ses malices lui fesaient regarder comme
un prodige d'esprit. Il s'en falait beaucoup cependant. Enfin de Q·· savait, à douze ans,
mettre en fuite son précepteur, & fesait à tout
moment renouveler le domestique. Ses dif-
positions au libertinage se manifestaient par
mille actions indécentes envers les femmes de
sa mère, qui, lorsqu'elles s'en plaignaient,
étaient traitées de *sotes béguenles* : monsieur
de Q ·· avait à peu-près la même façon de
penser ; il surprit un jour son fils dans une
attaque assez vive, qu'il fesait essuyer à une
jeune fille depuis deux jours au service de la
Comtesse, & les choses plaisantes que lui fesait & disait de Q··, le firent rire aux larmes.

Voila comme se passèrent les premières
années : mais bientôt on va voir un changement subit. Madame de Q·· était une sorte de
dévote ; elle avait pour Directeur un Ignacien
complaisant, qui savait lui faire allier l'indolence & la mollesse, aux douceurs mysti-
ques de la contemplation. Un jour elle lui

parla de fon fils. Le R.P. fut curieux de l'exami-
ner, fur l'éloge qu'en fefait la Comteffe. Elle
le lui mena dès le lendemain. En le voyant, en
l'intérogeant, l'Ignacien ne fut pas médiocre-
ment furpris de trouver un petit monftre fans
principes, pétulant, fot & parfaitement gâté.
Il excita le fcrupule dans l'âme de fa fille fpi-
rituelle fur la manière dont elle l'élevait, lui
fefant comprendre qu'il falait donner de la religion à cet enfant, pour tempérer fes paffions.
La Comteffe ne demandait pas mieux : l'embarras n'était que dans la manière. —Laiffez-
moi faire, dit l'Ignacien, qui n'avait pas eu de
peine à mefurer la portée du jeune-homme,
daignez feulement me feconder, & m'envoyer ceux de vos domeftiques les plus intel-
ligens, à qui je donnerai leurs rôles——.

Le but du Père était de faire entrer la Religion dans l'efprit du jeune Comte par la
terreur : ce moyen n'était pas excellent ; mais
toutes les manières paraiffaient bonnes aux
Ignaciens ; ils commençaient toujours par les
plus faciles, & leur infinuance achevait de
faire, non des Chrétiens, mais des hommes
tels qu'il les leur falait ; nous le favons, mon
ami, par notre propre expérience. On tendit
dans l'hôtel de Q** une grande falle en noir,
on la garnit de têtes de mort, attachées fur
des toiles groffièrement peintes, qui repré-
fentaient des diables & leurs triftes victimes
fur des brafiers ardens : on fit plus ; le jour
de la pieufe Farce, que l'on avait marqué à

la fuite, d'une méchanceté d'éclat, on alluma fous une vafte cheminée, appropriée tout-exprès, un très-grand feu, devant lequel étaient embrochées des figures d'hommes que des diables paraiffaient tourner, des chaudières &c. le foir, on menaça le jeune Comte des punitions du ciel, il n'en fit que rire ; on lui cita des exemples terribles, il s'endormit en les écoutant. Auffitôt le Père avec un Frère, fecondés des gens de la maifon, que cette partie-de-plaifir divertiffait extrêmement, allèrent enlever de Q··, & le portèrent très-leftement au milieu de la falle, où ils le posèrent fur un grabat, entouré de chaînes, de difciplines, de cilices &c. Enfuite les deux Ignaciens & tous les Domeftiques, déguifés en Capucins avec de fauffes barbes très longues & toutes blanches, fe rangèrent fur deux files de chaque côté de la falle. De Q·· s'éveille au bruit des chaînes ; il fe frote les yeux, aperçoit tout ce qui l'environne, & pouffe un cri de frayeur. Alors le frère Ignacien, dont il ne connaiffait pas la voix, s'approche de lui, & parlant beaucoup moins de la gorge que du nez, lui dit qu'il était-là par la permiffion de Dieu ; que durant la nuit fon heure de mourir était venue, & que par les prières ferventes de ces âmes juftes qu'il voyait, elle avait été fufpendue ; mais qu'il falait qu'il éprouvât quelque chofe des fupplices de l'Enfer, après quoi il fe retrouverait où il s'était endormi. Deux Capucins dépouillent le jeune-homme demi-mort de frayeur, & le frappent avec les disciplines : ensuite on l'approcha du brasier, aussi près que les cris affreux qu'il jetait le permirent. Enfin, après qu'on l'eut épouvanté, fatigué, le Père Ignacien s'avança benignement, en se signant plusieurs fois sur lui : le Frère (qui parla toujours seul) dit au jeune-homme, que cette bonne âme avait obtenu sa grâce : ensuite il prit des mains du Père une potion cordiale & narcotique, qu'il fit avaler au Comte : ce puissant somnifère ne tarda pas à l'assoupir : on en profita pour le mettre au lit.

Le lendemain de cette Farce, de Q·· parut triste, morne, presqu'égaré : le surlendemain il pria sa mère de le conduire aux Capucins, & de lui demander un Confesseur. La Comtesse ne se sentit pas de joie : elle vole où son fils désirait d'aller ; & elle eut la consolation de le voir, après l'acte de Religion, plus tranquille & plus soumis qu'auparavant.

Voila comme s'opéra la conversion du pauvre de Q·· ; le Père Ignacien vit le Capucin-confesseur ; ils sentirent qu'ils avaient affaire à un esprit faible & crédule ; ils se règlèrent là-dessus, & prescrivirent à la Comtesse de continuer à l'effrayer par des contes de sorciers, de diables, de revenans. Cette imprudente conduite eut des suites fâcheuses & contraires aux vues de monsieur & madame de Q··· : le jeune-homme convaincu du néant du monde & du danger que le salut y court, résolut de se faire Capucin. Dès que ses parens le surent, ils s'opposèrent vivement à cette folie : mais leur dédain pour un état si vil, ne fit qu'enflâmer davantage la piété du Comte : son Directeur, qui voulait acquerir à son Ordre un sujet si digne, lui recommandait de ne pas résister au mouvement de la grâce : un soir donc il s'échappa de l'hôtel, courut toute la nuit, & le lendemain arriva dans une maison située à vingt lieues de Paris, où il endossa la casaque des inutiles Enfans du Patriarche Séraphique. Il passa dans la ferveur les six premiers mois de son Noviciat. Ses parens étaient dans les plus vives inquiétudes : peu s'en falut que la douleur de sa perte ne mît au tombeau une mère trop tendre. Mais de Q·· savait, qu'*il faut tout quitter*, & qu'*on doit haïr son père*, *sa mère*, *ses frères*, *ses sœurs*, *pour être parfait*. Ainsi, ces nouvelles, que son Confesseur fit parvenir jusqu'à sa retraite, le touchèrent peu.

Le Comte avait une sœur, que peu de personnes ont connue, parce qu'elle a fait profession dès l'âge de quatorze ans, à cause de sa grande ferveur. C'était à cette jeune-personne, qui pour-lors en avait douze, que le fervent Novice Capucin adressa ses Lettres; elles étaient des panégyriques de la vie angélique qu'on menait à ** : l'imagination de la jeune-personne, qui était ardente, s'alluma comme celle de son frère; elle demanda le Couvent; on n'avait pas les mêmes raisons de s'opposer à ses vœux qui fesaient regretter le Comte ; on fut ravi de la proposition. La petite Amélie, vive, gentille, faite pour le monde & ses plaisirs, alla se renfermer dans une prison, où elle devait être privée de tout cela. Frère de Q··, auquel elle communiqua cette démarche, lui fit une peinture séduisante du bonheur qu'ils auraient un jour tous-deux, lorsqu'assis dans les demeures éternelles, ils se trouveraient heureux & réunis. Il lui parlait ensuite des charmes de la vie monastique en enthousiaste. Ces Lettres furent vues des Religieuses de C··, couvent où la jeune Amélie avait demandé d'aller, & ces bonnes filles ne manquèrent pas de seconder les vues du pieux Capucin. La Novice, dont l'âme était de feu, porta toute cette ardeur vers la Divinité. Heureuse, si jamais elle n'eût changé d'objet ! Mais je reviens à ce pauvre Comte.

Tous les jours Frère de Q·· demandait à Dieu l'oubli des choses de ce monde. Il passait plusieurs heures dans l'église à méditer, & son imagination s'échauffant de plus en plus, il crut un jour voir les Anges s'approcher de lui, pour l'exhorter à persévérer dans l'Ordre Séraphique. Ces visions avaient tant de charmes, qu'il résolut de rester une nuit entière dans la nef extérieure, où l'on ne viendrait pas le troubler, afin de voir sans distraction l'image de la céleste béatitude. Il se cacha le soir dans une sorte de vestibule, &

tandis qu'on le croit au lit , il se livre à ses douces rêveries. Déja toute la Milice céleste passait en revue devant ses yeux ; il était immobile & respirait à peine. Dans ce moment un bruit sourd se fait entendre : deux personnes marchaient dans l'obscurité , en s'approchant de lui. De Q·· pensa qu'on s'était aperçu de son absence , & qu'on le cherchait. Il se glissa sous un large banc , & resta là , pestant contre les importuns , qui venaient de mettre en fuite les chœurs des Anges, & saint François lui-même qu'il avait vu sur le point de lui faire présent de son cordon. Le Novice ne tarda pas à reconnaître, que ce n'était pas à lui qu'on en voulait. On se mit précisément sur le banc qui le couvrait, comme le plus commode. —Nous serons mieux ici que dans ma chambre, disait un Capucin qu'il reconnut pour son Père-maître : je suis logé trop près d'un Novice qui ne dort jamais ; c'est un nigaud, qui se croit de la piété , parce que la tête lui tourne. Ma chère Toinon, plus de scrupule : ne vous ai-je pas convaincue ? Laissons aux sots les prières & les mortifications ; les plaisirs , les délicieux plaisirs de l'amour sont faits pour vous & moi : que nos béats confits en douceurs spirituelles , trouvent dans leurs illuminations les délices ineffables , pour moi, je ne veux être illuminé que par le flambeau de l'amour & les beaux yeux de ma Toinette. Ne crois plus , ma poupone, que ce soit un crime de combler les vœux d'un amant qui t'adore——.... Au grand étonnement du Novice, le très-indévot fils de faint François, fans refpect pour le lieu, embraffait la fille du Maître-d'école du bourg, jeune tendron fort aimable, dont le démon s'était quelquefois fervi pour le tenter à l'églife. La jolie Toinon fit des objections fingulières; le Père y répondait fans ménager la décence, & Toinon fe rendit tout-à-fait.

Cette vifion du Frère de Q.. était bien différente de la première : elle fit fur lui une impreffion profonde. Lorfqu'il revit le lendemain à l'églife la jeune Toinon, le regard décent & modefte, rougiffant dès qu'on jetait les yeux fur elle, il la trouvait fi belle, fi intéreffante, qu'il ne pouvait fonger qu'à Toinon. Il fe rappelait enfuite les railleries que le Père avait faites de fa piété; il avait pris jufques-là tous les Capucins du couvent pour autant de faints, il commença par fe perfuader que fon Père-maître était un réprouvé.

La nuit fuivante, il ne put réfifter à l'envie de retourner au même endroit : ce n'était plus pour s'extafier comme auparavant; la curiofité feule le conduifit : Père-maître & Toinon reparurent, & Frère de Q.. reffentit des tranfports qui n'étaient pas d'amour divin. Il en eut de la componction, & voulut fe perfuader que tous les Religieux ne reffemblaient pas à celui ci : néanmoins en les obfervant de près, il ne put fe diffimuler qu'ils étaient ivrognes, fenfuels, fainéans. De

Q··, à cette découverte, bénit Dieu de ne pas leur reſſembler, pria pour eux, & les recommanda à ſaint François. Mais un jour, ils le ſcandaliſèrent horriblement; les Pères & les Frères ſe querellèrent, & s’échauffant juſqu’à la fureur, ils finirent par ſe battre : comme ils n’avaient pas d’armes qui ſecondaſſent leur humeur martiale, ils ſe ſervirent des couteaux-de cuiſine; pluſieurs d’entr’eux furent dangereuſement bleſſés, & le parti le plus faible demeura priſonnier-de-guerre. La manière dont ces derniers furent traités n’était pas charitable, elle épouvanta de Q··; cette ſcène & ſes ſuites lui deſſillèrent preſqu’entièrement les yeux, & commencèrent à lui donner du dégoût.

Quelques ſemaines après, le Novice ayant comis une faute légère, il en fut puni d’une manière ſi groteſque, qu’il s’aperçut bien qu’on ſe moquait de lui; il avait déja vu des Novices qu’on feſait manger à genoux avec les chats, ſans qu’il leur fût permis d’empêcher ces commenſaux incommodes de choiſir les morceaux qui leur convenaient : mais on ne lui fit pas ſubir une peine ſi commune; les Révérences voulant ſe divertir, on attacha l’écuelle de Frère de Q·· par les anſes, à deux longues ficelles, une troiſième ſervait, comme au jeu de l’eſcarpolette, à faire aller très-vivement la ſoupe du Novice d’un côté du Réfectoire à l’autre; il ne devait manger que ce qu’il pourrait dextrement attraper au passage : le pauvre de Q·· fit ce jour-là fort maigre chère ; mais il prit encore, quoi-qu'en riant un peu, cette mortification en esprit de pénitence. Enfin une faute plus grâ-ve ayant mérité que le Gardien lui-même se donnât la peine de la punir, il vint dans la chambre du Novice, où, sous prétexte de le corriger, il ôsa.... Une telle dépravation ré-volta de Q··, & fit naître cette horreur qu'il a toujours eue depuis pour tout ce qui res-semble à un Enfroqué.

Le même jour, un domestique envoyé par ses parens, qui venaient de découvrir sa retraite par le moyen d'Amélie, pénétra jusqu'à lui, malgré les précautions des Pères, & remit à Fr. de Q·· une Lettre fort tendre de leur part. Ensuite ce garçon, encouragé par l'air soumission & d'humilité qu'il trouvait à so jeune Maître, se hazarda de lui toucher un mot de la supercherie qu'on lui avait faite pour le corriger. De Q·· l'écoutait avec un étonnement, une honte que dénotaient ses regards baissés & la rougeur de son visage : celui qui lui parlait était un des acteurs ; il était bien informé ; il lui raconta comment tous les domestiques, dont il se fesait déte-ster, s'étaient prêtés de tout leur cœur à cette mascarade ; il n'oublia pas les gorges-chau-des qu'on en avait faites. Ensuite il s'étendit sur les regrets de la Comtesse, qui, pour ce sujet, s'était brouillée avec son Ignacien & le Directeur Séraphique : ces éclaircissemens , donnés mal-à-propos, opérèrent une révolution funeste dans les idées du jeune Comte: il renvoya le domestique, avec une Lettre pour ses parens, dans laquelle il leur fesait des excuses, & leur demandait l'argent nécessaire pour s'en retourner. On lui fit sur-le-champ tenir une somme considérable. Alors de Q·· ayant assemblé les Pères, il leur déclara sa sortie, en les accablant des marques de son mépris. Ensuite, il les quitta, & fut se loger dans le bourg, pour attendre qu'il eût des habits convenables. Mais en reconnaissant que ceux qui l'avaient trompés étaient des hommes vils qu'il falait fuir, de Q··, par un excès condannable, détesta la Religion: il revint à Paris, au bout de dix mois d'absence, enmenant avec lui Toinon, qu'il entretint quelque temps, & que bientôt après il abandonna.

La joie que ressentirent ses parens, de voir l'héritier de leur nom échappé des mains de la monacaille, leur fit tolérer tous ses desordres: ils le reprenaient de bouche, longuement, ennuyeusement, par de sèches moralités, qui ne firent que hâter sa perte, en l'éloignant d'eux: & d'un autre côté, ils ne croyaient pas en pouvoir trop permettre, afin de réparer l'imprudente scène de l'Ignacien. De Q·· n'était pas d'humeur à rester en si beau chemin: mais ayant vu dans ce temps notre chère Adelaïde, l'impression qu'elle fit sur lui retarda sa perte; si l'honnêteté avait pu quelque chofe , fans doute il fe fût corrigé : gâté par les femmes perdues , il la quitta bien-tôt ; elle ne pouvait lui donner l'efpèce de félicité qu'il cherchait. Après certains déportemens , tandis qu'il était Moufquetaire , que vous n'ignorez pas , il fit connaiffance de la F** : je l'avoue avec douleur , notre famille doit fe reprocher l'état qu'elle avait fait prendre à cette fille , qui l'a perdue , & de Q** avec elle. Les parens du Comte , qui feuls euffent pu le contraindre , payèrent tous deux le tribut à la nature dans le même mois ; il s'eft vu libre de fuivre fon goût pour la F** , & le mariage mal-afforti qu'ils contractèrent quelques femaines après , a eu les fuites qu'on en devait attendre.

La veille de cette union fut fignalée par une entreprife d'un genre nouveau. Amélie , cette jeune fœur du Comte de Q** , dégoutée de fon état , avait d'abord changé fon couvent de province , pour un de la Capitale : fa conduite lui ayant attiré des corrections , elle réfolut de s'échapper , & de rentrer dans le monde : fon frère feconda ce projet par inconféquence ; lui-même l'enleva , par le fecours d'un homme au fervice du couvent , & la remit entre les bras d'un Amant qu'elle favorifait. Après cet exploit glorieux , de Q** & la F** marchèrent à l'autel.

Depuis fon mariage , le Comte n'a pas difcontinué de rechercher ces parties de plaifir d'où la tempérance & la pudeur étaient également bannies. Il en mit toujours fa fœur, & força même fon époufe de l'y fuivre. Elle m'en fit fes plaintes ; je tâchai de rendre de Q** plus raifonnable. Mais ce fut envain. Les defordres des monaftères avaient effacé de fon âme toute idée d'honnêteté : il regardait la décence comme un effet du préjugé, la pudeur comme une fotife, & la vertu comme une chimère. Mes remontrances l'irritèrent, il s'emporta contre moi. Madame de Q** me pria de ne pas l'abandonner. Je ne tardai pas à m'apercevoir qu'un autre motif que l'envie de fe conduire par mes avis, lui fefait defirer mon entretien : je crus devoir ceffer entièrement de la voir.

De Q** renoua pour-lors avec d'anciennes connaiffances, dont les procédés indignes l'avaient autrefois éloigné. Ces libertins achevèrent de porter le defordre dans fa maifon. Ils obtinrent des faveurs d'Amélie, de la Comteffe elle-même, & les publièrent. De Q** l'apprit, mais il ne le crut pas. Pour l'en convaincre, ils eurent l'impudence & la témérité de le rendre par adreffe témoin de fon deshonneur. Ils le payèrent chèr, le premier qui fe préfenta périt de fa main, & celui qui venait à fon fecours fut dangereufement bleffé : le plus criminel prit la fuite. La coupable & malheureufe époufe, fe jeta aux piéds du Comte, & lui demandait pardon : il fut inexorable. . . . .

Il avait pour elle une paffion aveugle ; il

fe repentit auffitôt de ce qu'il venait de faire; un affreux defefpoir s'empara de lui : je l'ai vu dans cet état déplorable , & j'ai verfé des larmes. Cependant il eut la force d'aller chercher l'amant de fa femme; ils fe battirent , & de Q·· fut encore vainqueur. Lorfqu'il eut immolé cette dernière victime, il fe livra tout entier à fa douleur : il appelait fa femme comme fi elle eût vécu, reconnaiffait en baignant fon corps de larmes fon imprudence & fes torts. Tant de combats & de meurtres en deux jours, ont fait du bruit: cet infortuné à prévenu les recherches en terminant fa vie par un nouveau forfait.

Après fa mort, j'offris un azile à fa fœur dans une de mes terres; tandis que d'un autre côté , j'engageais les Collatéraux héritiers du Comte , à lui faire une penfion qui fournît à fon entretien d'une manière honnête : je l'obtins, & lui en portai la nouvelle, qui fut reçue avec beaucoup de reconnaiffance. Mais j'entendis avec furprife la prière qu'elle me fit de la ramener à Paris : tout ce que je pus lui dire ne la détourna pas de ce deffein; il falut la fatisfaire. Je lui fis meubler un petit appartement dans le quartier qu'elle choifit. Quelques jours après, ayant conduit mon époufe & madame de J·· à l'Opéra , une Débutante fort jolie vint chanter une Ariette; fa voix me frappe, je la reconnais, c'eft Amélie. Je fus indigné. Mais c'était encore trop peu : j'apprens le lendemain de fon Amant lui-même, qu'elle l'a banni , & qu'elle donne dans le desordre le plus décidé. Je me rends aussitôt chés elle : il était tard ; en approchant de sa maison, une Vieille me considère attentivement, & me trouvant ce qu'il lui faut, elle me dit de la suivre. Sans répondre, je m'éloigne de cette malheureuse, & j'entre chés Amélie. ——Oh oh ! me dit alors la Vieille , vous connaissez ma maitresse ! ——Cette vile créature est à vous, madame, dis-je à Amélie——? Mademoiselle de Q·· demeure interdite : mais j'en comprenais assés ; je lui fis des reproches : alors elle lève le masque, & nous nous quittons pour ne nous revoir jamais. Quelle fin, mon ami, pour le frère, plus triste encore pout sa sœur ! Tous-deux étaient nés pour être heureux ; une mauvaise éducation, l'embrassement d'une vie pour laquelle ils n'étaient pas faits, des passions non-refrénées les ont perdus, & l'amour ne fut pour eux qu'un poison funeste».

Notre sort est bien différent, mon cher Vicomte ; nos charmantes compagnes épurent en nous le sentiment délicieux qu'elles ont fait naître. Il n'est pas jusqu'aux petits caprices de madame de Saint-A··, qui ne la rendent plus piquante & plus adorable. Tu vas juger de ses dispositions par une Lettre qu'elle vient de m'envoyer afin que je la mette dans mon paquet, & que, par un effet de sa vivacité naturelle sans-doute, elle a oublié de fermer : je la laisse sous cachet-volant pour que tu la voye ; car je ne présume pas que madame de Th·· soit disposée à te la montrer. &c.

LETTRE de m.me DE S.t-A.. à m.me DE TH..

EN-VÉRITÉ, mon aimable sœur, c'est un pesant fardeau qu'un amant trop tendre : pour m'en débarrasser, j'ai presque desiré mon mariage : le voila fait, & mon sort n'est pas encore changé : il faut prendre patience, & croire que le ciel n'aura pas fait tout exprès pour moi le plus grand des prodiges, un mari constant. Tu vois, chère Léonore, que je me prépare à supporter gaîment ma disgráce, lorsqu'un volage me négligera ; je compte là-dessus, & de loin j'entens bruir l'orage sans m'en effrayer. Pour toi, ma trop sensible amie, je te plains : tu t'es avisée de regarder comme une chose impossible, que l'homme qui t'est si chèr puisse jamais changer ; desorte que lorsque cet effet naturel résultera de l'habitude de te voir, tu te desespéreras. Mais, là, en bonne foi, ma sœur, es-tu raisonnable ? Parceque nous serons tendres, constantes, fidelles, prétendre que les hommes le soient ! C'est précisément-là ce qu'on appelle exiger trop d'un mari. Payons nous de raison, & n'ayons pas l'orgueil de croire que notre attachement, nos soins, nos prévenances, nos caresses & notre vertu même soient toujours capables de faire leur bonheur ; leur tendresse est fougueuse comme les torrens, & comme eux ne dure guéres plus d'un jour (*). Ma chère, ces amans, ces

---

(*) Flumine perpetuo torrens solet acriùs ire ;
Sed tamen hæc brevis est, illa perennis aqua.
Qvid. de Remed. v. 255.

époux, en apparence si dévoués, qui se croient eux-mêmes, & de la meilleure-foi du monde, éperdûment amoureux, souvent ne font qu'éblouis par quelques attraits. Les vertus devraient donner le prix à la beauté, ils le disent eux-mêmes ; & ce sont nos grâces, nos appas qui leur font estimer nos vertus. C'est une grande différence, ma sœur, & tu conçois bien qu'en perdant de nos charmes, l'amour de nos maris, leur respect, leur admiration, leur estime même, tout cela diminue furieusement, ou s'éclipse tout à-fait ; une femme vieille & laide est vertueuse sans mérite. Mais ce n'est pas encore tout, l'habitude ordinairement a sur les maris le même effet que la perte de la beauté : nos attraits n'ont plus rien de séduisant pour eux, longtemps avant que nous en ayions rien perdu aux yeux des autres hommes. Voila, charmante sœur, la révolution qu'une femme raisonnable doit prévoir.

Ce sont-là des vérités dures, mais en sont-elles moins des vérités ? Écoute, mon amie, je ne cherche pas à te chagriner ; mais je voudrais que tu te préparasses davantage à tout évènement. Je t'aime, ma sœur, autant que moi-même ; si je te voyais un jour malheureuse... Ah ! daigne m'en croire, ne confions pas toutes nos espérances à l'amour ; comptons davantage sur l'amitié : tes sœurs & ton amie seront plus constantes qu'un époux.

Ces pensées m'occupent depuis que je suis mariée : elles me rendaient rêveuse ; j'ai vu qu'il falait prendre un parti : le voila, ma chère. Ne va pas imaginer que l'humeur dicte à une Insensible tout ce que je viens d'écrire : je crois en-vérité que je ne le suis plus ; monsieur de Saint-A·· s'y prend de manière... Madame de M··· avait raison de me dire, que ce n'est pas soi-même qu'il faut consulter, pour faire un choix, mais les personnes desintéressées. Le Comte est en effet digne de mon attachement ; notre respectable maman, qui voit comme il est tendre, sincère, complaisant, ne peut tarir sur ses louanges... Eh ! les voila, mon amie, ces hommes cruels ; ils nous accoutument à ne pouvoir nous passer d'eux, à mille douceurs... dont la privation doit un jour nous causer des larmes amères... N'importe, dussions-nous faire des ingrats.. Je rougis de ce que j'allais dire... Prenons des précautions contre la douleur que nous causera leur légèreté, moins pour nous-mêmes, que pour conserver encore, après leur injustice, quelques agrémens, quelques ris, qui puissent les rappeler à nous.

Cependant, chèr amour, goûte la douceur d'être adorée, comme si elle devait être éternelle : car maintenant que manque-t-il à ton bonheur ? rien du tout : mais tu manques au mien ; & tandis qu'une autre amie te console, moi, je languis : viens être mon refuge, & me sauver quelquefois des attentats (oh ! je les nomme ainsi) d'un homme qui me force de l'aimer. Adieu, chère sœur, &c.

P.S. *Ma sœur de J·· va marier Luce avec un homme fort aisé ; le Comte lui fait une dot honnête. Cette bonne fille a mis pour condition qu'elle ne quitterait pas sa maîtresse, & il a falu que l'amant en ait passé par-là. Juliette est bien flatée de cet attachement ; elle aimait beaucoup Luce, & ce dernier trait la lui rend infiniment chère : hier elle lui promit devant moi, qu'elle ne consentirait jamais à l'éloigner d'elle.*

On se communiquait toutes les Lettres qu'on recevait de France ; celle du Comte de Saint-A·· donna lieu à de tristes réflexions sur les égaremens de la jeunesse & sur les malheurs irréparables qui suivent une éducation négligée. Le Maréchal de Th·· sur-tout s'éleva contre ces professions qui privent la patrie de citoyens, le Prince de sujets, & l'État de membres utiles ; il cita des exemples de leur dépravation, quand ce sont des hommes, & d'abus déplorables lorsque ce sont des femmes. Ce qu'il dit là-dessus fit comprendre aux amis d'Angleterre, que les honnêtes-gens de tous les pays pensent de la même manière sur le Monachisme.

La Lettre de madame de Saint-A·· à sa sœur occasionna bien des entretiens entre la jeune Marquise & madame de Th·· : elles consultèrent leurs respectables amies, qui ne purent les rassurer ; Suzette les avait sérieusement inquiétées. Mais je vais, dans un moment, donner quelques détails qui acheveront le tableau de la conduite de tous ces jeunes époux.

LE

Le Comte de T··· se disposait à parcourir les trois Royaumes de le Grande-Bretagne, avec sa famille, pour en connaître le langage & les mœurs; mylord G·· & sir Basil devaient les guider, lorsqu'on apprit que la rupture éclatait entre les deux Couronnes. Des prétensions dans l'Amérique, & la fixation des limites d'un pays nommé l'*Acadie*, furent le sujet d'une guerre sanglante, dans laquelle des milliers d'hommes ont perdu la vie : ou, pour donner une plus véritable cause, l'Angleterre était lasse de la paix : l'ambitieux citoyen de cette Monarchie républicaine voulait envahir tout le commerce, reprendre l'empire des mers, & faire des conquêtes qui le lui assurassent pour longtemps. Il ne fut donc plus question que de retourner en France. Je ne parlerai point des regrets que mylady C··d·C··, mylady G·· & l'épouse de sir Basil témoignèrent aux Dames Françaises; la perspective d'une éternelle séparation, les attendrit toutes également. Andrew acompagna le Chevalier jusqu'à Douvres. Ils eurent ensemble un long entretien, qu' ils terminèrent, en s'embrassant tous deux avec larmes. —O monsieur, disait Andrew, ne permettrez-vous pas que j'aye quelque mérite aux yeux de Dieu? voulez-vous abuser du pouvoir de bienfaire qu'il vous a donné par-dessus moi—? Je laisse de-même aux Lecteur à s'imaginer comment ces Maîtres adorés furent revus de leurs gens, & je passe à la seconde Partie de ce dernier Livre.

IV.ᵐᵉ Partie.   G

§ II.

EFFETS DU MARIAGE sur les différens Caractères.

TOUS les caractères, même les plus bizarres, peuvent être heureux dans le Mariage ; il ne s'agit que du choix des moyens. Mais qui les prendra ? La femme : c'est entre ses mains qu'est le dépôt du bonheur ; c'est d'elle qu'il dépend, qu'elle soit esclave ou maîtresse. L'homme dès qu'il n'est pas tranquille, aimé, respecté dans sa maison, a droit de se plaindre de son épouse. De son côté, le mari doit la protection, la sureté, l'abondance, ou tout-au-moins la suffisance. S'il s'égare, la femme n'a droit de le ramener que par la douceur : s'il remplit ses devoirs, elle doit lui rendre son existance délicieuse : voila sa tâche, & tel est l'ordre de la Nature dans l'état de sociabilité ; la raison & la Religion prescrivent la même chose : la femme du Paysan aisé qui vit loin de la corruption des villes, s'en acquite admirablement ; & les estimables Épouses dont je parle dans ces Mémoires, surent y joindre l'art qui manque à la première.

L'insouciance naturelle au Vicomte de Th** n'était pas propre à rassurer sa jeune épouse sur l'inconstance dont elle était menacée. Le Chevalier de T*** se proposa de la tranquilliser : il prit en particulier sa fille & Léonore, pour leur donner un modèle à suivre dans la conduire de Louife envers lui. Ce Récit inté-reffant les perfuada qu'il n'eft prefque point de mari avec lequel une femme fenfée ne puiffe vivre fatisfaite, qu'il foit conftant ou léger. Mais n'ayant pu retrouver cette hiftoire du Chevalier, je reviens aux différens cara-ctères des jeunes Époux.

Naturæ fequitur femina quifque fuæ. **Prop. l. 2, eleg. 1.**

JE dirai peu de chofe du Comte & de la Comteffe de J**, que l'on connaît déja. L'intimité dans laquelle ils vécurent avec monfieur & madame de T***; l'âge qui meuriffait le Comte, fes fautes même, & les dangers que fon bonheur avait courus, lui fefaient une néceffité de vivre bien avec fa femme : il en fut aimé, dès qu'il prit les moyens pour l'être. Il vint un temps où la difproportion qui était entr'eux difparut : car une femme, à quarante ans, ne vaut qu'un homme de foixante; & l'avantage des unions où le mari eft le plus âgé, c'eft que chaque année apparie de plus-en-plus les époux, qui fe trouvent enfin de niveau : aulieu que fi c'eft la femme, la proportion diminue chaque jour. La Comteffe de J**, devenue mère de deux garçons & de trois filles, ne fongea qu'à les bien élever; les foins maternels ne permirent plus l'entrée de fon cœur à des feux non légitimes. Loin de s'imaginer faire grâce à fon mari en l'aimant, un temps vint qu'elle regarda l'attachement qu'il avait pour elle comme une faveur. Tel fera le fort de toutes les Belles; je

lès prie de ne pas l'oublier. Madame de J··;
pour le dire en paſſant, avait un caractère
bon, honnête; mais facile: la perdre ou la
ſauver était la choſe la plus aiſée. Je ſouhaite
une pareille femme à quiconque vit iſolé,
ou ne voit qu'une ſociété bien choiſie.

MONSIEUR de M··· était plus jeune de trois
ans qu'Adelaïde d'E···. C'eſt ici l'autre genre
de diſproportion dont je viens de parler. Ordinairement (ſi l'inégalité d'âge n'eſt pas trop
forte) le commencement de ces mariages eſt
très-heureux: car, en-premier-lieu, un jeune-
homme aime toujours davantage une belle
femme plus formée que lui: ſecondement;
la femme étant faite pour gouverner l'inté-
rieur, dans la réalité le mari n'eſt que ſon
bras droit, ſon homme-de-confiance: on con-
çoit que ſous ces deux points-de-vue, la femme avancée eſt tout-d'un-coup à ſa place; &
que celle qui eſt beaucoup plus jeune que ſon
mari, ſe trouve d'abord moins propre à commander; elle eſt, pour-ainſi-dire, durant quelques années, plutôt fille que maitreſſe: cependant il s'en faut bien que l'on doive con-
ſeiller d'épouſer une femme avancée; j'en ai
donné les raiſons plus haut. Adelaïde commanda chés elle: en ſe mariant, elle n'avait
point ce qu'on nomme de l'amour pour ſon
mari; elle ne lui trouvait pas une figure ſé-
duiſante, mais elle l'eſtimait; & lorſqu'elle
eut entièrement pénétré ſon caractère, le
goût qu'elle prit pour lui, fut plus ſolide,
que ſi l'amour avait déterminé ſon choix. De

ſon côté, monſieur de M··· reſſentit longtemps
pour elle la plus vive paſſion ; un fils qu'elle
lui donna , la lui rendit encore plus reſpec-
table : mais, à la longue, le ſentiment s'uſa ;
il ſe ſurprit un jour à deſirer une autre femme que la ſienne : il n'aurait pas toujours été
vertueux , ſi la ſociété des amis ſages que ſon
épouſe lui donna , dans la famille du Comte
de T···, n'eût banni de ſon cœur ce vide dangereux (*), le plus grand obſtacle à la pureté
des mœurs chés les gens-du-monde : ainſi ,
lorſque l'attrait du plaiſir l'entraînait dans le
précipice , il s'arrêta, ne pouvant ſe réſoudre
à devenir indigne à ſes propres yeux de leur
eſtime, de leur affection, en manquant à
celle qu'ils aimaient : dans la ſuite , ſa liaiſon
plus intime avec le Marquis de T···, le projet d'une alliance de Roger de M··· ſon fils ,
avec la fille de cet ami , les ſoins de l'éducation, la préſence de ſes enfans , ramenèrent
le calme dans ſon cœur.

Mais le Comte de J·· & monſieur de M···
étaient, le premier, un libertin las de l'être ;
le ſecond, un jeune-homme que l'exemple de
ſon frère aîné avait rendu circonſpect & timide ; qui ſongeant de bonne-heure à ſon
avancement , avait recherché les emplois &

(*) Otia ſi tollas , perière Cupidinis arcus...
Queritur Ægiſthus quare ſit factus adulter ?
· · · · · · · deſidioſus erat.
Ovid de Remed. vv. 139-141.
Cedit amor rebus ; res age, tutus eris, *dit-il ailleurs.*

la fortune ; l'amour fut pour lui le délâsse-
ment de ses travaux journaliers : il aimait sans
y songer ; peu en garde contre ses passions,
qui n'avaient pu se faire sentir bien vivement
dans le train d'une vie occupée, il les écoutait
sans se douter qu'elles pussent le porter au
desordre : heureusement il trouva longtemps
dans sa femme dequoi le fixer ; & lorsque le
charme de la beauré cessa, que ses passions
furent excitées par des objets aimables, il é-
tait déja lié par tout ce que révère l'homme
honnête, les devoirs de la paternité, les é-
gards que mérite une compagne estimbable,
& le respect qu'on doit aux mœurs de ses amis.

Passons maintenant à des caractères plus
marqués. Le Vicomte de Th·· & le Comte
de Saint-A·· font deux extrêmes : l'un regarde l'hymen comme le repos de l'amour ; il
a besoin d'être aimé, les rigueurs le rebute-
raient & pourraient l'aliéner : l'autre au contraire, veut conserver dans le mariage l'agitation des Amans ; une passion trop marquée
dans sa compagne lui deviendrait fastidieuse.
Le premier épouse une femme dont il est a-
doré ; le second s'attache à une jeune-personne qui le hait, & ne le prend que par o-
béissance pour ses parens : Suzette savait que
le Comte avait aimé ; son extrême délica-
tesse s'en trouvait blessée : ce motif était le
seul ou le principal. Suivons maintenant la
conduite de ces deux hommes jusqu'à l'âge
qu'ils ont aujourd'hui, où l'on voit en eux

des Pères-de-familles, dont les enfans font prêts à former les nœuds du mariage.

Le Vicomte de Th·· continua de vivre avec fon père: le Maréchal en voyant fa bru de plus près, devint extrêmement tendre pour elle. Mais fon fils s'habitua fort vîte au bonheur qu'il avait ardemment defiré; l'ivreffe fe diffipa: la raifon qui la remplaça pour toujours ne lui montra plus une divinité dans fa femme, mais une compagne aimable & vertueufe. Il commença pour-lorsà s'occuper d'affaires, à rechercher les délâffemens, tels que la chaffe, de petits voyages dans les différentes provinces du Royaume. Son époufe fut alarmée de cette ombre d'indifférence: elle difait un jour à la Marquife de T···: ——J'aimerais mieux une vertu qui vient après l'égarement & l'expérience, que la tiéde bonté qui ne s'eft jamais démentie, & ne doit jamais s'enflâmer——. Lorfque la paix eut fuccédé à la guerre dont je vais parler, il voulut voir l'Europe entière. Léonore eut quelque peine à s'accoutumer à ces abfences; fes pleurs coulèrent fouvent; le Maréchal employa toute fon éloquence pour la raffurer. Mais le temps fut le plus puiffant confolateur; ce fut le temps qui fit voir à madame de Th·· que fon époux était incapable d'aucun autre attachement; il lui prouva que vingt ans de mariage n'avaient pas apporté plus de changement dans les fentimens de fon mari, que les huit premiers jours. Elle le trouva dans tous les temps, plein d'amitié, de confiance, de douceur. Alors elle se dit à elle-même : —*Mais j'étais donc heureuse, quand je me plaignais ! je le suis donc encore !* & cette consolante découverte a répandu la sérénité sur son automne.

Telle était sa situation, lorsqu'elle perdit le Maréchal. Depuis cette mort, le Vicomte qui se reposait auparavant sur son père, pour faire une société à Léonore, devint plus assi-du. D'ailleurs, il avait acquis toutes les lumières qui étaient le but de ses voyages : sa conduite actuelle prouve que les caractères *doux & froids*, sont les plus uniformes & les plus agréables dans leur automne & dans leur hiver. A le voir à-présent, l'on dirait qu'il a pour sa femme tout l'empressement & toute l'ardeur des jeunes époux.

Quant à monsieur DE SAINT-A**, ce fut autre chose. Il remit tous les soins des amans au temps qui devait suivre le mariage. Comme sa maitresse ne lui fournissait aucune occasion de marquer ce qu'il sentait pour elle, cette manière devenait indispensable. Madame la Barone d'E··· lui disait quelquefois : —Mon cher Comte, vous êtes un parti a-vantageux pour ma fille ; elle n'en trouvera jamais un qui vous vale : mais prenez garde de lui trop sacrifier : il semble qu'elle ne vous rendra pas aussi heureux que vous méritez de l'être ; j'aime mieux vous parler contre moi-même, que de vous exposer à des repentirs.

—Laissez, madame, lui répondit-il, laissez-moi le soin de me faire aimer; le succès des moyens que j'emploierai est infaillible: loin de vouloir l'être à-présent, j'imagine qu'il vaut mieux n'acquerir son cœur qu'a-près le mariage; le prix n'en sera que plus flateur. —Mais, si ces moyens n'avaient pas l'effet que vous en attendez? Il est des cœurs... —Point, madame; &, si je puis ie dire sans fatuité, cette vertueuse Comtesse de T··· qui me protége auprès de vous, ne se fût jamais aussi vivement intéressée pour moi, si la certitude que je l'adorais ne l'avait disposée en ma faveur—.

En effet, le jeune Comte eut l'attention, jusqu'à son mariage, de ne se pas rendre incomode par trop d'assiduité: il montra qu'il aimait ardemment, lorsqu'il put le faire devant la Barone; s'il se trouvait seul avec Suzette, il était réservé: par cette conduite, il évitait les petites querelles. Cependant il falut presque la contraindre à recevoir la main du Comte; & s'il n'eût pas eu pour lui les conseils que venait de donner madame de M··· avant son départ, les insinuations de madame de J··, l'autorité d'une mère respectée, & les ordres d'un père absolu, jamais ce mariage ne se fût accompli. Le Baron d'E··· avait tenu la même conduite avec toutes ses filles. —Celui qui vous plaît davantage, leur disait-il, est peut-être celui qui ferait votre malheur: c'est à mon expérience à vous guider, & non pas à l'aveugle passion de l'amour : dès qu'un homme eſt aimable, cela doit vous ſuffire ; vous l'aimerez toujours aſ-ſés quand il en ſera temps——. Cette maxime du Baron, ne ſouffre en effet que très-peu d'exceptions.

Le jour des noces, Suzette marqua beaucoup d'humeur ; & le coucher de la Mariée fut le plus cérémonieux ſans-doute qu'on ait vu depuis un ſiècle. La Barone & madame de J·· employèrent inutilement les exhortations & les careſſes ; il falut la laiſſer avec ſa femme-de-chambre. Cependant le Comte était dans un cabinet voiſin, d'où il entendait toute la ſcène, & voyait dépouiller la rebelle, qui défendait chaque pièce de ſon ajuſtement. Les appas qu'il découvrait n'étaient pas propres à le conſoler des refus qu'on lui préparait. Vers le milieu de la nuit, lorſque le ſommeil ſe fut emparé de la belle Inſenſible, la femme de-chambre la trahit ; elle ſe retira doucement, & le Comte prit la place qu'il avait droit d'occuper : mais, comme les nouveaux époux de Sparte, il ne put, durant longtems, obtenir des faveurs, qu'en ſurmontant les dédains, les larmes, & quelquefois une réſiſtance vigoureuſe. En était-il moins heureux ? Non ſans-doute, & les deux époux y gagnaieut.

La Barone d'E··· ayant perdu ſon mari, elle ſe rendit à la prière que le Comte & la Comteſſe de Saint-A·· lui firent de demeurer avec eux : cette Dame eut occaſion de connaître alors la manière dont son gendre se promettait un plein succès ; elle vit qu'il laissait à son épouse une liberté, qui la rendait souveraine dans sa maison : les humeurs, les petits caprices, il paraissait ne pas remarquer tout cela. Un jour madame d'E••• lui dit qu'elle voulait parler à sa fille, pour l'engager à montrer plus de complaisance. ——Eh ! laissons-la, madame, lui dit-il, faire ce qui lui plaît : je suis disposé pour elle de manière que sa satisfaction fait mon bonheur ; tout ce qu'elle desire me convient encore davantage ; la contraindre, ce serait me faire souffrir moi-même : je l'adore ; elle est à moi ; que me faut-il encore ? Prenons le parti de ne la jamais contredire, & ce sera le moyen de l'amener bientôt à n'avoir plus de caprices : madame, ce ne sont pas les fantasques, les gens pétulans qui font le plus ce qu'ils veulent ; c'est l'homme tranquille, qui voit leurs mouvemens en restant immobile ; c'est lui seul qui gouverne, & son immobilité même, semblable à celle de l'Être-souverain, assure son empire——. Ni l'époux ni la mère ne s'opposèrent donc plus à rien : insensiblement le caractère de Suzette, que les contradictions eussent aigri, commença de s'adoucir ; devenue plus tranquille, elle fut capable de remarquer les complaisances qu'on avait pour elle, de les sentir. Alors elle ouvrit son cœur à sa mère : ——J'étais injuste, lui dit elle un jour, j'abusais de vos bontés & de celles de l'homme auquel vous m'avez donnée : je reconnais, madame, que je fuis plus heureufe que je ne le mérite... Chère maman ! aidez-moi de vos avis, donnez moi vos ordres ; je veux les fuivre, pour réparer ma conduite paffée, & me rendre digne de ce que l'on fait pour moi——. Maris fenfibles, tel fera toujours le terme de vos complaifances, fi vos femmes les doivent à l'amour, & non à la pufillanimité.

Le caractère du Comte de Saint-A ·· était beaucoup de douceur, unie à un goût très-vif pour les femmes : ce goût en lui-même n'eft pas un vice ; s'il le devient, c'eft par la manière dont il s'exerce. Il eft des hommes qui regardent une femme aimable comme une divinité ; leur cœur, toujours fur leurs lèvres, vole après toutes les Belles : une paraît enfin qui les fixe : s'ils l'obtiennent, ils font heureux d'abord autant qu'il eft poffible de l'être ; leur malheur eft certain, fi les convenances les en éloignent pour toujours, à-moins qu'une autre, égale en mérite, & qui furpaffera la première par quelques avantages, ne vienne remplir le vide. Mais il n'eft point de cœurs où le fentiment s'éteigne auffi vîte ; ils paffent d'une extrême ardeur au dernier degré de l'indifférence, fi l'objet de leur paffion répond à leur tendreffe de toute la plénitude de la fienne : comme ils doivent toujours être tenus en haleine, dès qu'une Belle ne leur oppofe plus rien, ils en defirent une autre. Le Comte de Saint-A** était formé sur le modèle que je viens de tracer : il aima la Comtesse de T*** jusqu'au délire : Suzette, aussi belle & plus jeune, lui succéda ; le Comte fut assés heureux pour avoir le cœur de sa femme à conquérir, & ce fut ce qui assura sa félicité. Les caractères tels que le sien ne peuvent être découragés par les difficultés du dehors, c'est-à-dire, dont le principe est dans les autres : mais en tout semblables au feu que l'air extérieur enflâme, si rien ne les excite, ils s'amortissent & s'éteignent. Dans la suite de sa vie, l'amour de Suzette, assaisonné de légers caprices, fut pour son époux un ventilateur favorable, qui maintint sa tendresse dans toute sa vivacité : il fut heureux ; mais il ne pouvait l'être qu'avec elle.

DE tous les Amis du MARQUIS DE T***, dont je viens de parler, il n'en est point dont le caractère soit préférable au sien : il n'est aucun d'eux qui fût aussi capable de vertu, de se soutenir lui-même, & de vaincre tous les obstacles. C'est que l'âme de monsieur de T*** avait un ressort infini ; toujours dirigée vers l'honnête & le beau, qui l'attirent puissamment, elle lui fait aimer la vertu pour elle-même ; c'est-à-dire, parce qu'elle est difficile, & qu'il est glorieux d'y atteindre. Il suffisait de lui montrer qu'une action, une privation étaient réellement utiles & belles, pour qu'il s'y soumît ; les difficultés, loin de le rebuter,

[158]

étaient à ses yeux le type de la vertu (*). Ainsi
le Marquis n'aima pas seulement son épouse
parce qu'elle était ce qu'il pouvait prétendre
de mieux, comme le Comte de J··; ou, parce qu'elle mêlait les roses du plaisir aux sou-
cis des affaires, comme monsieur de M···;
ou, parce qu'elle rendait son cœur tranquille
par une tendresse sans bornes, comme le
Vicomte; ou, parce qu'elle savait exciter son
ardeur, & se rendre provoquante par des dédains, de la réserve, comme le Comte de
Saint - A ··: mais il aimait Hélène, par tous
ces motifs; & plus encore, parce qu'il est
rare & difficile, autant qu'il est bien, qu'il
est beau, qu'il est du devoir de l'homme honnête, du sage citoyen d'aimer uniquement
sa femme. Ce motif était le plus puissant,
& le temps, la perte même de la beauté ne
firent que le fortifier.

⋅⟨⚏══════════════⚏⟩⋅

A-PEINE le Comte & le Chevalier de T···
se voyaient réunis au sein de leur famille,
que la Discorde & la Guerre soufflèrent le
poison dans toute l'Europe. Les Troupes se
rassemblaient, l'on completait les anciens
Corps, & le Prince en créait de nouveaux:
c'est une nouvelle carrière qui va s'ouvrir pour

(*) Monsieur le Marquis de T··· avait souvent à la
bouche ces trois vers d'Ovide:

Est Virtus placitis abstinuisse bonis.	*Epist.* 16.
Nulla nisi ardua Virtus.	*De Arte.*
Invia Virtuti nulla est via.	*Metamorphos.* 14.

le Marquis & ſes amis. Il ne me reſte plus qu’à parler de ſes campagnes : mais j’abrégerai, parce qu’il n’eſt queſtion dans ces Mémoires, que de l’homme-privé, & non du héros.

Un matin, le Marquis était auprès de ſa jeune épouſe : tandis qu’on l’habille, il lui dit de ces douceurs que l’amour ſuggère, & que l’hymen fait trop tôt négliger ; il s’émancipe quelquefois, & porte un charmant deſordre dans ſa parure : Hélène, qui ſe défend, l’augmente en voulant le réparer ; elle ſe lève, s’échappe, revient, agace le Marquis, & fuit encore : l’amour & la joie brillent dans ſes regards... Jeune & naïve Beauté, vous ignorez que ces amuſemens ſi doux vont ceſſer, & que la guerre, la guerre cruelle eſt ſur-le-point de vous ſéparer !... En effet, tandis que ces jeux charmans les occupent, monſieur de T··· vient trouver ſon fils dans l’appartement d’Hélène. Dès qu’il paraît, les deux époux volent dans ſes bras : le Comte s’arrête quelques inſtans, pour jouir du ſpectacle de leur félicité.

—Mon fils, dit-il enfin, que je dois rendre de grâces au ciel ! je vois que vous êtes heureux autant que je l’ai deſiré ; & la Souveraine-Bonté vient de m’accorder un bien que je n’euſſe ôſé ſouhaiter, en me rendant mon frère, ton père, ma chère fille : mais ſans l’heureuſe union de mes enfans, dont je ſuis témoin, y aurait-il des biens auxquels nous fuſſions ſenſibles ! C’eſt à vous que nous de=

vons notre satisfaction & tous nos plaisirs——.
Et s'intérompant tout-à-coup : ——Mon fils,
mon ami, ajouta-t-il, le temps de remplir
les devoirs indispensables de notre condition
est arrivé ; la patrie demande nos bras, &
peut-être nos vies : il faut mériter Hélène &
le bonheur par des exploits éclatans, après
t'en être déja rendu digne par les vertus mo-
destes qui font le bon Citoyen : viens, mon
ami, ton père va te conduire ; il te doit aussi
l'exemple de la valeur——. Le Marquis tressaille à ce discours ; il embrasse son épouse,
la quitte, vole dans les bras de son père, &
revient à elle, sans s'apercevoir qu'elle pâlit,
& que ses larmes vont couler. Le Comte est
lui-même surpris de la vivacité de ses tranfports. Hélène se détourne, & cherche à cacher son visage, pour dérober à son époux,
à son père même les pleurs qui vont inonder
son sein, mais qu'elle a honte de répandre.

Monsieur de T··· jète les yeux sur la jeune
Marquise : ——Eh ! quoi, ma fille, de l'enfance, de la faiblesse, lui dit-il ? votre devoir
est d'être honnête, sage, de bien gouverner
votre maison : le sien (montrant son fils) est
d'avoir ces mêmes qualités, & d'y joindre la
vaillance, le zèle pour le Prince, & l'amour
de son pays. Les enfans d'un Gentilhomme
naissent pour défendre la patrie : ils font à elle
avant d'être à leurs parens ; & ce n'est qu'a-
près avoir servi l'État, qu'il leur est permis
de se livrer tout-entiers aux devoirs sacrés de

la nature, en qualité de fils, d'époux & de
Pères. ——Eh! monfieur, répondit Hélène,
je fuis bien-loin de vouloir l'empêcher de
courir à la gloire; le ciel m'eft témoin que le
plus cher de mes defirs eft de voir mon époux
fe diftinguer : & s'il ne montrait une ardeur
trop vive, s'il avait befoin d'être excité, je
ferais la première à lui infpirer du courage ;
mais, ô monfieur, voyez comme il pétille;
règlez, je vous en prie, fon impétuofité ;
qu'il revienne plutôt bleffé que fans gloire,
mais qu'il revienne... Ah! mon cher époux,
prend foin d'une vie dont la mienne dépend :
fonge à ta mère, à ton vertueux père, au
mien... Mon aimable ami, il n'en faut pas
douter, fi la témérité te précipitait dans un
danger certain, que ton père te vît prêt à périr,... il te fuivrait, il périrait auffi, & ne te
fauverait pas... Mon ami, mon époux, ra-
mène-nous ton père, prens foin d'un homme
que nous adorons... Et vous, mon cher papa, répondez-moi de mon époux... tous-deux,
répondez-moi l'un de l'autre——! A ces témoignages d'un vertueux amour, le Marquis demeure interdit : fa joie fe modère, la trifteffe
fuccède, mais non la faibleffe : il voit ce qu'il
va quitter, & perdre peut-être ; il prend la
main d'Hélène, la preffe de fes lèvres, & lui
dit : ——Mon aimable compagne, chacune
de vos paroles eft un trait déchirant : ceffez,
ah! ceffez de vous abandonner à cette douleur, plus cruelle contre moi que contre

vous-même : je vous ramènerai notre père; & je recevrai de votre main les lauriers de la victoire mêlés aux myrthes de l'amour. Non, ma charmante épouse, cette vaine fumée qu' on nomme gloire, ne me flaterait pas sans vous. ——Eh ! c'est-là, mon fils, intérompit le Comte, ne pas penser juste. N'est-ce donc qu'après la gloire que vous allez courir? Vous avez raison de la nommer une vaine fumée, qui peut être notre unique but dans une Course, dans un Tournois: Mais, mon fils, lorsqu'il s'agit du service de l'État, il s'en faut bien que ce soit elle seule qui nous doive guider : le desir insatiable de la gloire dans les Généraux, a plus fait périr d'armées Romaines, que le manque de courage. Voyez ce Crassus, dont nous lisions l'autre jour l'histoire ensemble; il perdit son armée, son honneur, son fils & la vie, parce qu'il voulut égaler la renommée des Pompée & des César. Grand exemple pour tous les ambitieux, qui prennent leur audace pour de la valeur, & la témérité pour du courage ! Voyez d'un autre côté, le sage Fabius ; c'est en refusant la bataille, en se laissant traiter de lâche, qu'il sauva Rome : (*cunctando restituit rem*). Voyez Duguesclin, Bayard, Henri, Condé, Turenne, Saxe, tous ces héros ont montré de la valeur éclairée par la prudence, excitée par l'amour du bien public. Il y a quelquefois, mon ami, bien de la grandeur, à ne pas vouloir user de l'occasion de faire briller son courage. Ceci me conduit naturellement à vous donner un important avis : Laissez le vulgaire fronder la conduite des Généraux, qui ne doivent ni ne peuvent lui rendre compte de leurs motifs ; la disposition la mieux entendue n'est quelquefois pas couronnée par le succès : alors une foule de prétendus politiques font le procès au vaincu : S'il avait attaqué, disent les uns, il eût remporté la victoire : S'il se fût tenu en repos, disent les autres, l'ennemi se serait consumé lui-même. Ignorans téméraires (s'écriait autrefois à Rome Paul-Émile) loin du danger, au sein de la mollesse & de l'oisiveté des villes, vous prétendez juger de ce que vous ne connaissez pas! Mon fils, mille accidens imprévus nécessitent ou retardent le combat : deux partis, dont il faut ordinairement que l'un soit battu, où les hommes valent des hommes, dans qui l'envie de vaincre est la même, doivent se tâter longtemps ; une simple négligence dans l'exécution des ordres donnés, peut enlever tout l'avantage , & causer une déroute complette. Mon fils, allons combattre, moins pour être considérés , vantés , célèbres, que pour être véritablement utiles en fesant notre devoir—.

Le Comte, en quittant son fils , lui apprit que leurs équipages étaient prêts ; qu'il ne l'avait pas averti plutôt, afin de prolonger le plus qu'il était possible la tranquillité d'Hélène , & qu'ils partaient le lendemain avant lever du soleil. Il dit à la jeune Marquise :

—Votre père vous refte , ma fille ; vos foins lui font néceffaires ; tâchez d'être toujours en état de les lui rendre... Ma chère fille, je te recommande ta feconde mère : nous la laif- fons... te fouviendras-tu, ma fille, que feule tu peux lui tenir lieu de tout ce qui lui eft chèr-?

Dès que le Comte fut forti, madame de T··· fe rendit auprès d'Hélène , pour la foutenir de fes confeils. Elle y réuffit difficilement. Dans l'après-midi , les amies de la jeune Marquife qui venaient d'être inftruites comme elle , du départ de leurs époux , accoururent mêler leurs larmes aux fiennes , & Suzette elle-même , dit tout-bas : —Si nous devions ne les plus revoir!

Le moment du départ eft arrivé. Le Comte qui vient de recevoir avec fermeté les adieux d'une femme qu'il chérit , ne peut retenir fes larmes , lorfqu'il fe fent preffé dans les bras d'Hélène , qui lui dit en fanglotant : ——Mon papa, faites-le partir : qu'il ne voye pas ma faibleffe; elle l'affligerait trop : mon cher papa ! ah quand vous reverrai-je tous-deux ? quand ferai-je dans vos bras , tranfportée de joie , comme à-préfent j'y fuis accablée, a- néantie de douleur——! Leurs chaifes les at- tendaient à quelque diftance de l'hôtel: le Comte enlève la jeune Marquife, la met dans les bras de madame de T···, & profitant du moment de leurs premières careffes , il en- traîne fon fils. Ils étaient déja loin , que leurs époufes efpéraient encore de les revoir.

M.me de T··· conduifit enfuite fa fille auprès

du Chevalier; & les confolations de ce père tendre furent un baume falutaire pour le cœur d'Hélène. Le Comte & le Marquis écrivaient tous les jours; le Vicomte de Th··, meſſieurs de M···, de J·· & de Saint-A··, tous, dans leurs Lettres s'efforçaient de tranquillifer la jeune Marquife & fes amies.

Je ne célébrerai pas les glorieufes actions d'un homme que je révère. Je dirai feulement que meſſieurs de T··· portèrent dans les Armées cette générofité de caractère, cette refpectable philanthropie que j'ai montrée en eux dans le cours de ces Mémoires. Ils furent les pères de leurs Soldats, qu'ils vifitaient tous les jours, veillant fur leurs mœurs, leur infpirant des fentimens de Religion, & prévenant leurs befoins réels. La valeur de ces dignes Officiers reſſemblait à celle de Turenne, dont ils avaient les vertus, elle ne s'exerçait que contre l'ennemi armé. La guerre étant malheureufe pour nous, les occafions de fe diftinguer ont été rares : le Régiment du Marquis fut entièrement défait dans l'Électorat d'Hanovre. Dans cette déroute, le jeune Colonel fauva la vie à fon père, auquel il céda fon cheval, après que celui du Comte, qui était bleſſé, eut été tué fous lui. Le Marquis le fuivait à piéd, en combatant le fabre à la main, lorfqu'il aperçut un Officier ennemi qui venair d'être renverfé. Il va hardiment prendre fon cheval au milieu des Heſſois, faute légèrement deſſus, & fuit fon père à-toutes-brides. Le témoignage que les Officiers-généraux rendirent au courage du Marquis en cette occafion, lui fit obtenir la Croix-de-faint-Louis dès la première campagne. Mais ce prix de la valeur n'était pas le plus flateur, l'amour lui en réfervait un plus doux, dans le cœur d'Hélène & de fa mère.

A la fin de la campagne, monfieur de T··· propofa à fon fils d'obtenir pour lui la permiffion d'aller paffer l'hiver à Paris. Quelle que fût la tendreffe du Marquis pour fon époufe, il eut la force de remercier fon père; & touchant les marques de diftinction qu'il vient de recevoir : —Monfieur, répond-il, je fuis loin de croire que j'ai mérité ceci; fouffrez que je m'en rende digne, avant de me montrer à ma mère & à mon époufe. Mon père, ne fommes-nous pas utiles ici? —Notre devoir nous y retient, mon ami; j'aurais demandé votre retour comme une grâce. —J'efpère, monfieur, n'en defirer jamais pour me difpenfer de mon devoir——.

Le Marquis, toujours conduit par fon père, fit fes dernières campagnes fous un jeune Prince l'amour de la Nation, & digne des Héros dont il defcend : l'Époux d'Hélène eut part à la gloire dont fon illuftre Commandant fe couvrait. Enfin la paix fe conclut, & le réunit pour toujours à fon époufe.

Mais le Comte, le Marquis & leurs amis étaient revenus en quartier-d'hiver dès la troifième année. Avant de rendre compte de leur arrivée & de terminer ces Mémoires , je vais jeter un coup-d'œil sur la conduite de son épouse.

La jeune Marquise, tandis que son mari contribuait à la défense de l'État, s'était efforcée de marcher son égale, en pratiquant toutes les vertus convenables à son sexe. Monsieur & madame de T··· se communiquaient par leurs Lettres les sujets de satisfaction qu'ils recevaient de leurs enfans : si le Marquis s'était signalé dans une rencontre , la Comtesse donnait en échange à son mari un acte de vertu de leur chère fille. La jeune Marquise , outre l'attention sur les mariages qui avaient accompagné le sien , s'informait des pauvres familles surchargées d'enfans ; elle ne les leur ôtait pas , mais elle les fesait élever par les parens eux-mêmes , auxquels elle payait la pension. Madame de T··· & le Chevalier feignaient de ne rien remarquer , & lui fesaient des présens multipliés , pour lui donner moyen de suivre son goût pour la bienfesance : souvent même ils adressaient à elle , par des voies indirectes , des infortunés dont ils voulaient qu'Hélène eût le mérite de finir la misère. Je ne rapporterai qu'un exemple de ces actes d'humanité.

HISTOIRE d'un Marchand ruiné.

Fortiter ille facit, qui miser esse potest (ᵏ).

«PARMI ceux dont la jeune Marquise réta

(ᵏ) *Martial , épigramme* 57 , *l. XI.*

blit les affaires, un des plus véritablement à plaindre fut unNégociant,dont la fortune venait d'être totalement renversée par la mauvaise-foi de sesCorrespondans.Il n'était point, comme tant d'autres, descendu de l'aisance à l'étroit nécessaire, & de ce dernier état à l'indigence; il se vit tout-d'un-coup précipité d'une situation opulente, dans la misère la plus affeuse. Ses créanciers avaient appris ses pertes aussitôt que lui-même; ils fondirent chés lui tous ensemble, enlevèrent les marchandises, saisirent ses fonds, & d'une fortune immense, ne lui laissèrent pas même des debris. Pour comble de maux, la femme du Marchand venait d'accoucher;une calamité si grande lui ravit le dernier de ses biens, la santé; après avoir été longtemps aux portes du tombeau, elle demeura languissante, incapable d'être d'aucun secours à son mari.

La famille du Marchand était nombreuse; il avait huit enfans, trois garçons & cinq filles, dont les heureuses dispositions & l'agréable figure, lui donnèrent en d'autres temps les plus flateuses espérances : mais dans son desastre, la beauté de sa fille aînée mit le comble à son malheur. Un homme, vil célibataire, qu'il avait cru de ses amis durant la prospérité, entreprit de séduire l'aimable Agathe. La jeune-personne n'entendit qu'avec indignation les propositions du suborneur,elle découvrit tout à son père, qui ne s'attendait pas à ce surcroît d'avilissement & d'affliction.

Agathe

Agathe n'avait que seize ans ; cet indigne ami était le seul qui les fît subsister ; le Marchand craignit que les sentimens de sa fille ne se démentissent dans un âge si tendre, & qu'un jour la misère n'abâtardît son âme (*). Cette affligeante perspective, l'inquiétude que ses autres enfans lui donnaient, firent couler de nouvelles larmes plus amères que celles qu'il avait déja versées. Il prit alors un parti que lui suggéra le vraie force d'esprit propre à l'homme-de-bien : — Ma chère fille, dit-il à la jeune Agathe, c'est de toi que notre sort va dépendre ; conserve les dispositions que tu viens de montrer, & je te réponds de ne pas succomber sous le poids de mon infortune. Travaillons ; occupe-toi des petits ouvrages que tu n'avais appris que pour ton amusement ; ton père se charge de les vendre, & fera plus encore——. La jeune personne ne répondit qu'en se mettant au travail. Pour André S⋯ (c'est le nom du Marchand) il ne savait qu'une chose, son commerce ; il ne s'était pas préparé, par la culture de ses talens naturels, à suppléer à la fortune ; mais il avait du courage & de la religion : il sort ; vend l'habit qui le couvre, endosse une bure grossière, achète des seaux, & le reste du jour il excerce un pénible métier. Du centre des mondes, l'Ê-tre-des-êtres vit cet homme vertueux, plus fort que le malheur ; il le bénit ; en quelques

______

(*) Lorsqu'un homme tombe dans l'infortune, *dit Homère*, Jupiter lui ôte la moitié de sa vertu.

IVme Partie.   H

heures il gagna pour le fouper de fa famille.
—O Dieu! s'écrie-t-il, vous n'abandonnez
pas vos créatures—. Enfuite il fuppute ce
que le féducteur peut avoir avancé pour lui
depuis huit jours qu'il manque du néceffaire, & trouve que du prix de fes habits, il lui
refte affez pour rendre; un fentiment de joie
s'élève dans fon cœur. A la nuit, il retourna
dans fa petite demeure. Ce fut Agathe qui
vint ouvrir; d'abord elle ne reconnaît pas fon
père: mais lorfqu'il eut parlé, qu'elle eut ex-
aminé fes traits, les larmes remplirent fes
yeux: —O mon père—! Elle ne dit que ces
mots. Au bout d'un moment, fe tournant
vers fes frères & fes fœurs: —C'eft pour
nous, leur dit-elle, que ce bon père defcend
à l'état le plus dur: que nous ferions indignes
de vivre, fi jamais nous oubliions ce qu'il
vient de faire!... Comme vous voila! ô mon
papa, cet état eft-il fait pour vous—! Pourquoi non, ma fille, répondit André d'un air
ferein? ceux qui l'exercent ne valent-ils pas autant que moi? Il eft honnête du-moins, s'il
n'eft pas eftimé.... Ainfi donc, affis au plus bas
degré, je ne craindrai plus l'inconftance de
la fortune!... Va, ma fille, le bonheur d'être
ton père & de vous élever tous me confolerait, fi ta mère—... En pronançant ces derniers mots, il s'approcha du lit de fon É-
poufe: il l'encourage, effuie fes pleurs, lui
fait gouter le parti qu'il vient de prendre, &
lui remet l'argent qu'il a gagné.

Le lendemain, André S··· reprit son nouveau travail, & vint à midi plus content encore de son petit gain que la veille. A-peine était-il rentré, que son faux ami parut. Il s'était d'abord flaté de réussir auprès d'Agathe ; mais y trouvant des difficultés plus grandes qu'il n'avait pensé, il crut qu'en fesant aux parens de la jeune-personne des propositions avantageuses, l'indigence ouvrirait leurs oreilles à l'appât du gain, & les étourdirait sur l'honneur. En apercevant André S··· avec l'habit de son nouvel état, une noble dignité sur le front, il fut d'abord interdit. Le scélérat eut pourtant l'audace de parler ; mais en termes envelopés, tels que le crime les emploie pour adoucir sa révoltante laideur. ——Voyez cet habit, cet attirail, répondit le Marchand : je n'en rougis point : croyez-vous qu'un homme assez vil, assez lâche, pour vendre sa fille, ait été capable de le prendre? Monsieur, je n'ai besoin de rien ; voila l'argent que j'ai cru devoir à l'amitié, en l'acceptant de votre main : mais retirez-vous, monsieur ; le mal que vous voulez me faire est le plus grand de tous ceux qui m'ont accablé... Impitoyable ami, ajouta-t-il avec force, voila mon sein, frappe, épuise jusqu'à la dernière goute de mon sang, mais respecte l'innocence de ma fille.... Dieu tout-puissant, protégez votre ouvrage, & ne permettrez pas que le souffle impur d'un corrupteur, puisse jamais en ternir la pureté——! Honteux, déconcerté, le séducteur se retira, résolu de se venger de la confusion dont on venait de le couvrir, & d'employer la violence ou l'adresse, pour avoir Agathe en sa puissance.

Le Marchand s'accoutumait à son fatigant métier; il vendait les ouvrages d'Agathe, & ce petit produit aurait suffi à tous les besoins de sa famille, si sa femme eût joui de la santé. Son air honnête avait convenu dans plusieurs maisons de riches particuliers; on l'affectionna; il eut bientôt un gain fixe par jour. Il ne s'amusa point à regretter son aisance passée; il s'efforçait d'être content, & il l'était. Un jour on l'appela dans une maison inconnue; il voit qu'il a du temps de reste pour satisfaire ses pratiques, il monte: à-peine il eut mis le piéd dans ce coupe-gorge, qu'on en ferma les portes, & quatre grands coquins se jetant sur lui, commencèrent à le maltraiter, en lui présentant son engagement à signer (*). André résista d'abord, mais après avoir été tourmenté & blessé même, craignant de s'exposer à périr, il fit ce qu'on exigeait de lui. Suivant leur usage, ces malheureux jetèrent le nouvel enrôlé dans un *four*, où l'on devait le tenir renfermé jusqu'au départ. Quelles inquiétudes chés lui, quand le le soir étant venu, & la nuit avancée, on ne le vit pas de retour! Son épouse & sa fille aînée

---

(*) Cet abus a cessé par les sages Ordonnances-militaires publiées depuis 1763 : que n'est-il possible de garantir la jeunesse d'embuches plus dangereuses!

imaginant tous les malheurs, l'attendirent
fans fermer l'œil; le matin toute cette famille
infortunée fe réunit pour gémir, & redeman-
der au ciel l'homme qui leur donnait du pain.
Agathe fortit; elle s'informa, dépeignit fon
père: on l'avait vu, mais on ne pouvait dire
ce qui lui était arrivé. Elle revenait auprès de
fa mère, defefpérée de n'avoir rien découvert; deux hommes la faififfent au coin d'u-
ne rue deferte, & la portaient dans un ca-
roffe-de-place: les larmes, les cris d'une aimable jeune-fille émurent la pitié de quelques paffans; ils l'arrachèrent des mains des
raviffeurs, & l'efcortèrent jufques chés elle.
Cette entreprife fit ouvrir les yeux à la jeune
Agathe; elle ne douta prefque plus que l'abfence de fon père ne fût occafionnée par quelque lâche attentat de leur ennemi. Mais quel
remède cette découverte apportait-elle à leurs
maux ? Dans un monde corrompu, la Beauté
vertueufe qui fe plaint d'une injure, n'en ob-
tient la réparation, que par la perte du même
bien qu'elle voulait conferver.

Il y avait quatre jours qu'André ne paraiffait point: Agathe n'ôfait fortir, leur provi-
fion était confumée, & leur argent à fa fin;
le defefpoir & le befoin commençaient à porter leur horreur au fein de la malheureufe famille: un Domeftique de la maifon de T···
fe préfente, & demande le Marchand par fon
nom. Agathe le reconnaît pour un de ceux qui
l'ont fauvée il y a deux jours, & croit pou-

voir s'ouvrir : elle l'inftruit , en pleurant, de l'abfence de fon père , lui donne toutes les lumières qui dépendent d'elle, & qu'il paraît defirer. A-peine quelques heures s'étaient écoulées, que ce Domeftique revient, conduifant André S···, dont la préfence rendit à fa famille l'efpérance & la vie.

Une Dame qui le matin était venue chés la Comteffe de T···, avait parlé du renverfement fubit de la fortune du Marchand qui la fourniffait : elle lui devait une fomme affés légère, & ne doutant pas qu'il n'en eût un extrême befoin, elle le fefait chercher pour la lui remettre à lui-même. Elle paraiffait attendrie fur le fort de cet honnête-homme, mais elle fe contentait de le plaindre. La jeune Marquife était préfente, elle tira quelques éclairciffemens : cette femme n'était pas encore fortie, qu'Hélène était au fait de ce qui regardait le père d'Agathe, & fur-tout de fon dernier malheur. Elle pria fon père & madame de T··· d'obtenir fa liberté fur-le-champ. Le Chevalier courut chés le Miniftre, & revint avec l'ordre que fa fille defirait. Elle ne diffère pas un moment d'envoyer pour l'arracher des mains de ceux qui le retenaient. Les gens de la Marquife épouvantèrent ces miférables, qui ne fe firent pas preffer pour nommer celui qui les avait employés. Au lieu d'amener le Marchand à l'hôtel de T···, comme il le demandait, l'ordre était donné de le conduire chés lui. Ce père chéri fut revu de

ſes enfans avec des cris de joie. Il commençait à raconter à ſon épouſe ce qui l'avait ſéparé de ſa famille, lorſque la jeune Marquiſe, accompagnée de madame de T··· & du
Chevalier, parut à la porte de ce temple de
la vertu malheureuſe. Elle voit un père dans
les bras de ſes enfans, qu'il arroſe de larmes; une épouſe languiſſante remerciant le
ciel qui lui rend ſon mari pour lui fermer les
yeux; une jeune-perſonne toute belle, qui
ſemble avoir oublié ſes pertes & ſes dangers,
pour ne s'occuper que de la joie de le revoir:
quel ſpectacle pour un cœur généreux & ſenſible !... Leurs tranſports ceſsèrent, un reſpe-
tueux ſilence ſuccéda. Le Marchand ſurpris
de l'excès de bonté de ſes libérateurs, s'avança pour les remercier. La jeune Marquiſe le
prévint, en le priant de lui dire de quelle
ſomme il aurait beſoin pour rétablir ſes affaires. Sur la réponſe qu'il fit, Hélène offrit
de lui prêter cet argent. C'était ainſi qu'elle
donnait: en ſauvant à ceux qu'elle obligeait
la honte de recevoir l'aumône, elle augmen-
tait le prix de ſon bienfait, & réveillait l'in-
duſtrie. André S··· tranſporté de joie & de reconnaiſſance, aſſura ſa bienfaitrice, qu'inſtruit par ſon malheur, il ſaurait bientôt le
réparer, à l'aide d'un ſecours ſi puiſſant.

Il ne ſe trompait pas : ſa carrière fut dans
la ſuite jonchée des fleurs de la proſpérité.
Son perfide ami, qu'on dédaigna de faire punir, eut à ſupporter le mépris des honnêtes

gens, & le bonheur de celui qu'il avait outragé; ce fut son supplice. La jeune & vertueuse Agathe trouva un mari digne d'elle avant que ses parens eussent une dot à lui faire. L'attachement qu'elle avait montré pour eux, sa sagesse, la généreuse résolution qu'elle avait prise & exécutée de s'imposer un travail continuel pour seconder celui de son père, furent connus & charmèrent une femme éclairée, qui ne crut pouvoir mieux assurer le bonheur d'un fils unique & méritant, qu'en l'unissant avec Agathe S***.

J'ai donné une idée succinte de toute la suite des campagnes du Marquis avant l'ordre des temps, afin de n'y plus revenir. Le troisième hiver, son père le ramena dans les bras d'Hélène. Je supprimerai mille détails peut-être intéressans; car la jeune Marquise avait une si grande sensibilité, qu'il falut user d'une multitude de précautions avant de lui montrer son époux : ce qui néanmoins ne prévint pas entièrement le mal que l'on craignait. Le Comte & son fils arrivèrent à dix heures du matin. A dîner, ils eurent tous leurs amis, qui étaient aussi de retour. Comme le Marquis s'était distingué, les Guerriers firent son éloge. Monsieur de T*** répondit au lieu de son fils, trop occupé d'Hélène pour rien entendre, & rendit justice à monsieur de de Th** sur-tout, à qui les occasions de faire des prodiges de valeur s'étaient heureusement présentées. Hélène & Léonore souriaient à la vaillance de leurs époux, dont toute la gloire rejaillissait sur elles. En effet, le Héros couronné des lauriers de la victoire, n'en doit être que plus modeste ; c'est à son épouse seule qu'il est permis de s'en parer, si l'on peut s'exprimer ainsi, d'en étaler tout le faste & toute la grandeur. Ensuite madame de T··· & la Comtesse de J·· se communiquèrent leurs vues, pour que les noces de Luce & de Justine fussent l'occasion d'une Fête qui célébrât le retour des Guerriers.

Dans l'après-dinée, monsieur de T··· rendit une visite au Ministre avec le Marquis, qu'il lui présenta. Ce n'était pas son unique motif ; le Général avait confié à sa prudence un projet secret, dont il l'avait prié de représenter les avantages à celui qui tenait les rênes de l'État.

CONCLUSION.

MADAME DE T··· avait eu plus d'une occasion de soupçonner la conduite réservée de son fils envers Hélène : cependant elle n'avait pas cru devoir s'en éclaircir avec lui : durant son absence, il était inutile d'en parler à la jeune Marquise. Mais il est arrivé : la Comtesse ne veut pas qu'une fausse pudeur l'empêche de donner à sa fille les Instructions qu'elle lui promit un jour. Elle saisit le moment où le Comte & le Marquis étaient chés le Ministre, pour entrer dans tous les détails qui regardent la décence, la réserve dans les discours & dans les actions, l'amabilité, la propreté, la provocance, la fenfibilité, les careffes & le plaifir... O Mères, imitez-la; fachez que le bonheur ne tient qu'à un fil; n'en abandonnez pas le foin à l'inexpérience, à l'étourderie, à l'indolence d'une Nouvelle-mariée; inftruifez-la, excitez-la, ou la faites trembler, par le tableau des peines qui fui-vent l'indifférence d'un époux... La jeune Marquife donnait toute fon attention au dif-cours de fa mère: certaines queftions naïves qu'elle lui fit, achevèrent de convaincre madame de T*** que fon fils n'avait pas encore ufé de tous les droits des époux. Le Marquis revient feul; fa mère lui demande en riant, l'explication du myftère de l'ignorance d'Hé-lène(*). Il lui rendit compte des motifs de fa conduite. —— Je fuis entré dans vos vues, madame, ajouta-t il; j'ai fuivi l'exemple de mon père... je vais maintenant feconder d'autres defirs que vous formez fans-doute, chère maman, plus vivement encore——. Une vifite furvint à la Comteffe; elle quitta fes enfans pour l'aller recevoir.

Quel moment fortuné! Le temps fixé par le Marquis lui-même, pour remplir le plus facré des devoirs de l'homme envers Dieu & la patrie, vient enfin d'arriver: il s'eft acquitté de ceux de Soldat, de Citoyen & de Fils; ils lui donnent des droits aux plaifirs qui l'attendent.... Seul avec fa jeune compa-gne, il n'eft plus maître de commander à fes tranfports. . . . .

Peindrai-je leurs plaisirs ? dirai-je comment une jeune Épouse vive, sensible, ingénue jouit, pour la première-fois, du déveloment d'une faculté inconnue ? La montrerai-je ceignant de ses bras d'albâtre..... Non. O Jeunes-gens, ce n'est pas que je regarde cette ravissante image comme dangereuse ou criminelle : loin de-là, peut-être serait-elle nécessaire dans un siècle où le mariage est décrié comme un joug pénible, par des gens qui jugent de ses plaisirs, d'après ceux qu'ils ont coûteusement trouvés dans les bras d'une Fille perdue : mais je crains d'échouer sur un sujet où il faut réunir la vaguesse de *Raphael*, la douceur de l'*Albane*, aux grâces du *Corrége* & au coloris de *Paul-Véronèse*. Jeunes-gens, la volupté que donne une bouche honnête, un cœur pur & tendre, dont le terme est la paternité qu'encouragent les Loix, cette volupté, dis-je, est au-dessus de toute autre jouissance. De malheureuses erreurs en ont donné l'expérience au Marquis ; il a successivement cherché le plaisir chés les femmes commodes, avec des filles séduites, dans les faveurs d'une adultère ; l'amour même uni à l'innocence n'a pu lui donner la félicité. Hélène seule a tout ce qu'il faut pour le rendre heureux, elle est sa femme. Dans cet instant même un nuage formé par l'Amour couvre les beaux yeux de cette timide Beauté, & dérobe à la Pudeur expirante la vue de son vainqueur,

Oh! quels inftans fuivirent!... La Marquis voyait dans les yeux d'Hélène le naïf étonnement de l'innocence, & cette ranimante langueur que laiffe le premier des plaifirs : elle voulait l'intéroger ; fa bouche de rofe s'entr'ouvrait, & n'exhalait qu'un foupir. Qu'elle était belle, dans le defordre de la volupté ! ô Dieu ! qu'elle était belle ! Bientôt elle fit renaître.... Mais ceffons.

O mon époux, dit enfin la jeune Marquife, on dit qu'il eft des maris & des femmes qui fe prennent en horreur : eh! comment fe peut-il qu'on devienne indifférente pour celui qui nous a procuré ce doux raviffement? comment les hommes ceffent-ils d'être fenfibles, fidèles, s'ils ont éprouvé.... Mon coufin, non, ce délicieux égarement n'eft pas néceffaire au bonheur, car j'étais heureufe avant de le connaître..... l'avouerai-je ? il femble qu'il agit trop en maître impérieux. Mais fe dire, fe répéter à tout-moment : Il m'aime ; je fuis fure de remplir fon cœur, de pouvoir feule y élever le defir, c'eft un plaifir fi doux !... ——Divine époufe ! répond le Marquis à demi-bas, fi votre bonheur dépend de mon amour——... Le feu du defir pétille dans fes yeux. ... Hélène, inftruite par la Comteffe quelques heures auparavant, s'y refufe, s'échappe, & va fe jeter entre les bras de fa mère.

À fon émotion, à fa rougeur, madame de T··· devina : mais s'il lui fût refté quelques doutes, l'aveu de la jeune Marquife les eût bientôt levés : elle dit tout à fa mère , & le motif de fa fuite ne fut pas omis. Le Marquis fuivait fa femme : madame de T··· fait affeoir fes enfans à fes côtés, & les jeunes époux fe careffent entre fes bras , en fe difant mille tendreffes. Monfieur de T··· rentre alors accompagné du Chevalier & du bon monfieur de V··. Le Marquis voyant toute fa refpectable famille affemblée , choifit ce moment pour faire éclater fa reconnaiffance.

——Mon père , mon digne père , dit-il au Comte, le bonheur dont je jouis eft votre ouvrage: ce font vos foins , votre prudence qui m'ont fait quitter la route dangereufe où je m'égarais ; c'eft votre indulgence , votre douceur paternelles qui m'ont encouragé dans celle où je vous voyais marcher. Et vous, ma fenfible , ma vertueufe mère , comment apprécier & reconnaître vos bontés! ô madame! je me les rappelle avec tranfport , mais elles feront un poids qui m'accablera , fi jamais il arrive que j'en fois indigne. Recevez auffi mes remercîmens, vous mon vénérable papa, & vous mon fecond père ; ô mes fages protecteurs , voyez toujours en moi un fils foumis. Hélène! compagne qu'ils m'ont donnée, dans quels termes vous remercîrai-je ? vous êtes l'Ange de lumière qui me guiderez fur les traces de nos chèrs Parens. Daignez garder fur un cœur tout à vous l'empire que vous donnent vos vertus & mon devoir, plus que votre beauté. O Père-des-hommes , Grand

Dieu, recevez mes promesses, & les rendez efficaces——! Toute la famille fit le même vœu. Des larmes délicieuses mouillaient les paupières d'Hélène : ce moment fut bien doux pour elle, mais il ne fut pas le plus heureux de sa vie.

PARENS, voila le bonheur. La tendresse des enfans pour leurs auteurs n'est peut-être pas dans la nature : c'est à vos soins à la faire naître, à la nourrir : Instruisez d'exemple & par la douceur ; châtiez pourtant les sujets rebelles... (alors, que vous êtes à plaindre !) & convainquez-vous qu'un mauvais citoyen, est le crime & l'opprobre de son père.

ENVOI A MADAME LA MARQUISE DE T···.

VOTRE nom seul, MADAME, peut donner quelque prix à ces Mémoires: en y peignant votre beauté, votre amour pour vos devoirs, je me suis dit mille fois : On ne le croira pas. De tout temps vos pareilles furent le phénix pour ce monde, où le vice impudent lève sa tête altière, où le mérite, tel que la modeste violette, répand en se cachant son doux parfum. Mais il ne faut pas de témoins à la vertu pour être heureuse, elle porte son prix en elle-même (*).

(*) Une femme des plus distinguées & des plus aimables a pris cette devise : *Deliciæ Virtutis præmium.* Ces mots renferment deux sens également beaux & vrais.

F I N.

www.ingramcontent.com/pod-product-compliance
Ingram Content Group UK Ltd.
Pitfield, Milton Keynes, MK11 3LW, UK
UKHW021636170726
13836UKWH00005B/2218

9 782329 588087